要 麼 庸 俗 ， 要 麼 孤 獨 ！

人生的智慧

The wisdom of life

叔本華　著　　　景天　譯

關於本書

《人生的智慧》是一部指導如何生活的藝術作品，叔本華在書中教導我們應該如何幸福、愉快的度過一生。打開此書，您就像已經得到了一把通往「健康、財富、榮譽、品格」的處世金鑰匙了。林語堂說過：「凡事愛讀書的人，靈魂和容顏都會優雅起來。」《人生的智慧》就是一部讓人靈魂和容顏都會優雅起來的人生哲學經典，非讀不可！

叔本華的哲學是內容深刻、令人深思的哲學。他以哲學家敏銳的觀察眼光，道出了當時社會悲劇性的荒誕與虛僞。同時對人與人格、生命與榮譽等問題，提出了相當耐人尋味的見解。

我一翻開他（叔本華）的書，
就好像馬上長出一對翅膀。

——尼采

你知道這個夏天對我來說意味著什麼嗎？
那是對叔本華著作的心醉神迷和連續不斷的精神愉悅，
這種陶醉、愉快是我所從來不曾體驗過的。
——托爾斯泰

叔本華有其現代的意義，甚至有其將來的意義……
他的哲學仍然在我們的時代產生著成熟的和人性化的影響。
——湯馬斯・曼

在讀完叔本華的書的第一頁以後，就知道得很清楚，
我將要把他寫的所有東西都讀完，他所說的每一個字我都要聽。
——尼采

叔本華是一個語言藝術家，
僅僅因爲他的語言，我們就應該無條件地讀他的著作。
——卡夫卡

《人生的智慧》使叔本華成爲享譽世界的哲學家。在這本書中，作者從世俗的角度，對人生應該遵循的原則進行了探討。用冷靜睿智、輕快詼諧的筆觸，告訴我們如何才能幸福、愉快的度過一生。

引言

幸福並非易事：她既不能從自身求得，
亦不可能從他處求得。

——尚福爾❶

本書中所說的「人生的智慧」的含義，完全是形而下（指物質世界）的：這裡的「人生的智慧」指的是這樣一門藝術，那就是如何儘可能幸福、愉快地度過一生。哲學上關於這方面的教誨被稱爲「幸福論」。所以，本書就是在指導人們如何獲得幸福的生存。如果從絕對客觀的角度，或者更確切一點說，通過冷靜而縝密的思考來對「幸福的生存」下一個定義的話，那麼這幸福的生存一定比不幸福的生存更好。

❶ 尚福爾（1740—1794）：法國作家，以善於辭令及風趣著稱。

根據這一定義可以得出這樣的推論：我們之所以依戀這種生存，只是因爲這生存本身，而非因爲恐懼死亡；而且我們迫切地希望這生存能夠永遠地延續下去。但是人生是否或者是否能夠與此種定義下的生存相符，則是一個問題。我的哲學對這一問題已經非常清楚地給出了否定的答案：但哲學中的幸福論對這一問題的答案卻是肯定的。幸福論給出的肯定答案的基礎是人與生俱來的一個錯誤，我的主要著作❷的第二卷第四十九章已經對這一錯誤進行了批判。但是爲了完成關於幸福論的著作，就不得不放棄形而上的、更高的、道德的審視角度，而這種審視角度正是我眞正的哲學希望引領人們進入的。由於我在本書中的論述所使用的是平常的、實用的角度，並且包含著這種角度所具有的謬誤，那麼這種論述就肯定是採取了折中的方式。因此，這些論述所具有的只是有條件的價值。其實，Eudamonologie❸一詞本來就是委婉詞。此外，這些論述還並不完整，原因之一是我論述的對象是無窮無盡的，另一個原因則是如果要對這個主題進行全面論述的話，就只能重複別人已有的論述。

在我的印象中，卡丹奴斯❹所著的値得一讀的《論逆境》一書，與我這本箴言書的目的十分

---

❷ 指《作爲意志和表象的世界》。

❸ 即《幸福論》。

❹ 卡丹奴斯（1501—1576）：意大利數學家、醫學家。

類似，可以作爲本書的補充。亞里士多德的《修辭學》第一部第五章中，也有簡短的關於幸福論的論述，但不過是老生常談而已。我並沒有引述前人的著作，因爲我的任務並非彙集他人的論述，而且，這樣做會打破我書中的觀點的聯貫性，而這正是此類著作的靈魂之所在。

一般情況下，每個時代的智者都說過同樣的話，而愚人——亦即每個時代中的絕大多數人——也做著正好相反的事。伏爾泰曾說過：「我們離開世界的時候，這個世界仍然像我們來到這個世界時一樣愚蠢和醜惡，沒有任何變化。」

目錄

第一章 基本分類

亞里士多德將人生的幸福分爲三種：來自外界的幸福，發自內心的幸福以及從自身肉體產生的幸福。這裡我只使用他的三分法，而將決定人命運的根本差異分爲三類，亦即——

（一）人的自身：也就是最廣泛的人的個性所具有的東西。包括人的健康、力量、外貌、氣質、道德品格、精神智力以及潛能。

（二）人所擁有的身外之物：也就是人的財產和其他占有物。

（三）人對他人顯示出的形象：可以理解爲人在他人眼中所呈現的樣子，也就是他人對這個人的看法。這種他人的看法包括一個人的榮譽、地位和名聲。

不同的人之間在第一項上的差別是由大自然決定的，因此可以認爲：這種差別對人的幸福所產生的影響要比第二項和第三項所造成的影響更根本、更徹底——因爲後兩項的差別是由人自行劃分出的。人自身的優勢，例如天才的頭腦、偉大的思想或心靈，與人的地位或出身（哪怕是王公貴族）、財富等優勢相比，就好像眞正的國王與戲劇扮演中的假國王相比一樣。伊壁鳩魯的第一個門徒采多羅斯就曾爲他的著作的一個篇章起過這樣的題目：「我們幸福的原因在於我們自身之內，而非自身之外。」

的確，一個人的幸福，乃至他的整個生存方式，最根本的就在於他自身的內在素質。這種內在素質決定了一個人能否獲得內心的幸福，這是因爲人內心的快樂和痛苦首先產生於人的思想、感情和意願。而人自身之外的一切事物，都只能間接地影響人的幸福。所以，同一個外在事物或境遇對每個人的影響都不一樣，哪怕人們所處的環境相同，他們所生活的世界也是完全不同的。這是因爲一個人的感情、意願以及對事物的看法才是與他直接相關的，而外在事物所能做的只是對上述事物起刺激作用。

一個人生活在什麼樣的世界中，首先是由他對世界的理解決定的，世界由於不同的頭腦和精神而呈現出不同的面貌。所以，一個人的世界是淺薄無聊的，還是豐富多彩、充滿意義和趣味的，都是由他的頭腦所決定的。比如，很多人羨慕別人總能在生活中遇到有趣的事，而實際上他們羨慕的應該是後者所具有的理解事物的能力。對於後一類人來說，他們經歷的事情都富有趣味和意蘊，在這一點上他們的思想稟賦有很大的功勞。對於一個思想豐富的人來說頗具興味的事物，對一個思想庸俗、頭腦淺薄的人來說，也許就是平凡世界中很乏味的事。

歌德和拜倫所創作的取材於眞實事件的詩篇能夠很好地反映這種情況。愚笨的讀者羨慕的是詩人擁有的豐富多彩的經歷，而不是詩人所擁有的超凡的想像力——這是一種可以化腐朽爲神奇，化平凡爲偉大的想像力。與此相同，對於一個氣質憂鬱的人來說是悲劇的情節，在樂天派看來可能是一場有趣的衝突，而一個思想痲木的人則會認爲這件事無關緊要。這些情況都基於這一事實：現實生活，也就是當下所經歷的每一時刻，都是由主體和客體兩個部分組成的，雖然這兩者之間就像構成水的氫和氧一樣密不可分。不同的主體面對完全相同的客體時，會構成完全不同的現實，反之亦然。

因此，可以推斷，最美好的客體與最愚笨、低等的主體相結合只能構成低劣的現實，這就好比在惡劣天氣中欣賞美景一樣，又好比用低級、模糊不清的相機來拍攝美景。換成更通俗易懂的語言就是：就像每個人都受限於自己的皮囊一樣，每個人也受限於自己的意識。任何人都只能直接在自己的意識中生活，所以，外在世界對他起到的幫助微乎其微。

演員們在舞台上扮演各式各樣的角色：奴僕、士兵，或者王公貴族。然而，這些角色之間的差異只是表面的、外在的，表面現象下面的內在本質都是相同的：他們都只不過是充滿煩惱和痛苦的戲子罷了。現實生活中的情況與之相同，不同的社會地位和財富給予了每個人不同的角色，但外在角色的區別並不能決定人的內在幸福的差異。實際上，每個人都是充滿煩惱和痛苦的可憐蟲罷了。每個人的煩惱和憂愁的具體內容各不相同，但它們的形式也就是本質卻相差不遠；煩惱和痛苦的程度有所區別，卻並不與人的社會地位和財富的區別相對應，也就是說與人扮演的角色並不相符。

對每個人來說，一切事物都只是直接存在和發生於他的意識中的，所以，顯而易見的是，人的意識的構成是最重要的。通常情況下，主體的意識要比意識中表現出的物象和形態更重要。所有趣味盎然的事物，一旦經過愚笨的人的呆滯的意識的反映，都會變得呆板無聊。與之相反，《唐吉訶德》卻是塞萬提斯在一間簡陋的牢房中創作的。構成現實的客體部分是由命運決定的，所以是可變的；而主體部分卻來源於我們自身，因此在本質上來說無法改變。

所以，人的一生中，雖然外在事物在不斷地變化，但人的性格卻從未改變，這就好像一首曲子中有很多變奏，但主旋律卻始終如一。沒有人能夠擺脫自身的個性，就像動物不論被人們放在什麼樣的環境之下，都無法掙脫被大自然所決定的無法改變的侷限性。這一點可以解釋，爲什麼我們在努力使自己的寵物感到快樂時，應該將這種努力限制在狹窄的範圍之內，因爲這種快樂取決於動物的本性和意識的侷限性。

人也是同樣，一個人所能得到的屬於自己的快樂，最一開始就被這個人的個性決定了。而一個人能夠領悟高級快樂的能力則是由他的精神能力所決定和限制的。如果一個人的精神能力較低，那麼所有外在的努力——不論是他人的幫助還是個人的運氣——都無法使他領略到平庸的、動物性的快樂範圍之外的高級快樂。他能感受到的只是感官的刺激、低級的社交、虛榮的消費和安逸的家庭生活。哪怕是教育——假設教育眞的有用的話——總體上說，也無法幫助人們拓寬精神和眼界。因爲只有精神思想上的樂趣才是最高級、最豐富、最持久的樂趣，雖然我們年輕的時候不能充分認識這一點；然而，一個人是否能夠領略到這種樂趣是由他與生俱來的精神思想能力優先決定的。

由此可以說明，人的幸福在很大程度上是由我們自身，也就是我們的個性所決定的。但是，人們通常都只考慮運氣、財產，或者自己在他人心中的形象。實際上，運氣有可能變好，甚至如果我們的內在足夠豐富，就不會過分依賴於運氣。相反，一個頭腦愚笨的人一輩子都頭腦愚笨，一個愚人就算到死也還是一個愚人，哪怕他在天堂上被美女所環繞。所以，歌德曾說——

眾生，無論富貴還是貧賤，
都要承認：
人所能獲得的最大的幸運，
唯有自身的個性。

對於人的幸福和快樂來說，主體要比客體重要得多，所有事物都能作爲這一觀點的證明。例如，飢餓是能夠使所有食物都變得美味的萬能調味品，衰老的人很難再對青春美色一見鍾情，此外還有天才和聖人的生活。人的健康之於其他一切外在好處都具有壓倒性優勢，健康的乞丐甚至要比生病的國王更加幸運。一個健康、良好的身體以及因此得到的寧靜、愉悅的心性，活躍、清晰，能夠正確而深入地把握事物的理解力，平和、有節制的意欲以及由此帶來的清清白白的良心——所有這一切都是地位、財富所無法取代的優勢。

當一個人獨處時陪伴自己的，別人無法予奪的內在素質，亦即一個人的自身，之於一切他所擁有的財富以及他在別人心中的形象都更加重要。如果一個人的精神世界豐富的話，他單獨一人的時候就能夠徜徉在自己的精神世界中，悠然自得；然而，如果一個人冥頑不靈的話，就算不停地參加聚會，外出看戲、遊玩，也無法擺脫煩人的無聊。一個善良、平和、有節制的人即使身處困境也能自得其樂；而一個卑鄙、善妒、貪婪的人就算擁有數不盡的財富也難以獲得內心的滿足。如果一個人擁有自己獨特的、卓越的精神個性所產生的快樂，那麼絕大部分普通人所希冀的快樂之於他都毫無意義，甚至可以說是多餘的煩惱。

所以，賀拉斯❶談論自己時說道——

象牙、大理石、繪畫、銀盆、雕像、紫衣，
無數人認爲這些東西必不可少，
但也有人並不爲之所動。

蘇格拉底看到出售的奢侈物品時曾說：「原來有這麼多東西是我不需要的啊！」對於我們的生活幸福來說，最重要、最關鍵的是我們自身的個性，這是因爲個性在所有場合都在起作用，它是恆常不變的；此外，它還與我給出的第二項、第三項好處不同，能否擁有後兩者是運氣決定的，而自身個性卻不會被他人奪走。後兩項好處只是相對的，而自身的價值則是絕對的。從此可以得出，與人們通常認爲的不同，用外在方法去影響或對付一個人其實是很難的。唯有能力無窮的時間才能夠產生影響，時間一點一點地消磨了人肉體和精神的優勢，唯一不受影響的只有人的道德氣質。在這一層面，財產和他人的看法優勢更爲明顯，因爲這兩者不會直接被

❶賀拉斯（前65—前8）：古羅馬詩人，批評家。

時間剝奪。這兩項好處還有另一個優勢：由於兩者都屬於客體，這一本質使所有人都能擁有它們，至少提供了擁有它們的可能性，相反，我們對於屬於主體的東西則無能爲力——它們由「神的權力」賦予的，終其一生都不會改變。因此，歌德曾說——

就像在你誕生來到世間那一天，
太陽處於跟行星相對的位置上，
你就要從此而且繼續不斷地，
按照你據以起步的法則成長。
你必須如此生存，無法擺脫，
女巫們和預言者都曾這樣講；
任何時間、任何權利都不能打破，
這種生生發展的鑄型。

我們能做的只有儘可能充分發揮我們已有的個性。所以，我們應按照符合自身個性的方向，力求使個性得到合適的發展，其他的則都應該避免。因此，我們在選擇社會地位、工作和生活方式時，必須與我們自身的個性相匹配。

例如，一個人天生身強體壯，力大無窮，如果迫於外在情勢，不得不整天坐著做一些精細、瑣碎的手藝活，抑或進行學習研究或其他腦力工作——這些工作所要求的能力正是他先天較爲欠缺的，而他所擁有的優良的身體能力卻無處施展——這種情況會使這個人終生都由於不得志而鬱鬱寡歡。但是，如果一個人具有超凡的智力，卻無法應用和發揮自己的智力，做的是根本不需要發揮他的智力的平庸工作的話，那麼這個人所感到的痛苦要比第一個人還要深。因此，我們千萬不可高估自己的能力，特別是在血氣方剛的青年時代，更要避免這一生活中的暗礁。

由於與財產和他人的看法相比，人的白身擁有更大的優勢，所以比起拚命獲取財富來說，注重身體健康和充分發揮自身才能是更爲明智的。但是要避免對這一點的錯誤理解：我們不需要重視生活的必需品。那些所謂的眞正的財富，也就是超出必須的盈餘，於我們的幸福並沒有太大裨益。因此，許多富人並不快樂，因爲他們缺乏見識和精神思想的薰陶，所以對事物也沒有太大的興趣——而正是這些才使他們能夠擁有從事精神思想的能力。財富所能滿足的只是人最基本的自然需求，而對我們眞正的幸福卻並無太大幫助。反之，爲了管理龐大的資產，我們必須付出很多辛苦，而這則影響了我們舒適安逸的生活。

相比於財富，人的自身對於人的幸福來說更爲重要，雖然如此，但普通人對財富的追求要比對精神情趣的追求更爲拚命。所以，可以看到許多人起早貪黑，像螞蟻一樣辛勤勞作，無時無刻不在思考如何增加自己擁有的財富。而一旦超出了賺錢的小圈子，他們就什麼都不知道了。他們沒有任何精神情趣，所以除了賺錢，對其他一切事物都無法感知。對他們來說，人的最高級的樂趣——精神樂趣，是遙不可及的。

因此，他們在繁忙的工作之餘只能追求短暫的感官樂趣，這種樂趣費錢卻不費時。他們用這種娛樂來代替精神享受，但卻是徒勞無功的。如果運氣好的話，當他們離開人世的時候，眞的可以擁有巨大的財富，作爲他們一輩子的成就；於是，他們將這一大財富留給後代，任由他們去經營或者揮霍。雖然這些人一輩子都顯得十分嚴肅，裝模作樣，但實際上他們的生活仍然是愚蠢的，與其他庸庸碌碌的人生沒有太大區別。

因此，對於人的幸福來說，人內在所擁有的才是關鍵所在。正是由於在通常情況下，人的內在是很貧乏的，所以大多數生活已經不再匱乏的人本質上還是會感到鬱悶，這種情況與那些還在困苦、匱乏的生活中掙扎的人沒有什麼兩樣。由於他們內心空虛、思想匱乏、感覺遲鈍，所以他們就加入了社交圈子。

社交圈中也都是和他們一樣的人，「羽毛相同的鳥兒會聚集在一起」（荷馬的話）。他們聚集在一起娛樂消遣，這種娛樂始於放縱感官，沉溺於聲色享樂，而終結於荒唐無度。許多紈褲子弟剛剛開始生活就揮霍無度，家產在極短的時間內就被花光了。這種做法的根源正在於無聊——而它的來源正是上文中提到的精神貧乏和內心空虛。如果一個富家子弟外在富有而內在貧乏，那麼他來到這個世界時就會徒勞地用外在財富去彌補內在的空虛；他試圖從外部獲得一切，就好像衰老之人試圖用少女的汗水來強身健體一樣。外在財富的貧乏是由人自身內在的貧乏導致的。

人生的其他兩項好處有多重要，不需要我特別指出了。如今人們公認財產是有很大價值的，不需要進行宣傳。與之相比，第三項好處則比較難以把握，因爲所謂的榮譽、地位和名聲都來自於他人的看法。每個人都能夠努力獲得榮譽，也就是光榮的名譽；但是只有爲國家政府服務的人才能夠獲得社會地位；而只有極少數的人才能夠獲得顯赫的名聲。其中，榮譽是十分珍貴的；而顯赫的名聲則人人嚮往擁有而且價值甚高，是只有菁英才能夠得到的無比珍貴的金羊毛，而只有愚笨的人才會認爲社會地位比財產更重要。此外，人具有的財物、榮譽和名聲是互相影響、互相促進的。彼德尼斯❷曾說：「一個人在他人心中的價值是由他所擁有的財產決定的。」如果這句話有道理的話，那麼他人對一個人良好的評價也能反過來促進財產的增加。

---

❷ 彼德尼斯（？——66）：古羅馬作家，主要作品有《薩蒂利孔》。

第二章 人到底是什麼

對於人的幸福來說，人的自身要比他所擁有的財產或在他人眼中的表象更有意義——我們已經大體瞭解了這一點。一個人本質上如何，亦即他自身所擁有的東西才是最重要的，因爲自身個性是伴隨人一生的，他所感受到的所有東西都受到他的個性的影響。他經歷任何事情時，感受到的首先是他自身。不論是從物質上獲得的樂趣，還是從精神上獲得的樂趣都是如此。

所以，英語中的短語to enjoy one's self（盡情享受）表述得就非常生動。比如：人們會說：「He enjoys himself in Paris.」（他在巴黎盡情享受。）而不說「他享受巴黎」。對於一個自認個性低劣的人來說，所有樂趣都會變味，就像用含有膽汁的苦澀的嘴巴品嚐名貴的美酒一樣。所以，除了天災人禍之外，人們在生活中所經歷的事情，不論好壞，都遠遠趕不上人們感受這些事情的方式重要；亦即，更重要的是人們感受事物的能力的本質特性和強弱程度。

對人的幸福有直接影響的是一個人自身如何，他自身擁有的東西是什麼？簡單來說，就是他的個性和價值。除去這些之外的所有東西都只有間接影響，因此這種影響是可以消除的，而個性的影響則永遠無法消除。所以，對他人的自身優勢產生的嫉妒最難消除，因此人們通常會很小心地隱藏起這種嫉妒心理。

進一步來說，只有感覺意識的構成是永恆存在的，只有人的個性是永遠、持續發揮作用的；相較之下，其他任何東西產生的作用都是暫時的、偶爾的，而且被持續不斷地變化所限制。因此，亞里士多德曾說：「我們所能仰仗的只有自己的本性，而非金錢。」

正因如此，單純外部的災禍要比自身招致的不幸更容易承受；這是因爲運氣有可能變好，但我們的自身構成卻無法改變。所以，對人的幸福來說，最關鍵的是人的主體的優良素質，包括高貴的品格、出色的智力、快樂的性格和健康的身體——總而言之，就是「健康的身體和健康的靈魂」（古羅馬詩人尤維納利斯的話）。因此，對於這些好處我們應該努力地維持和改善，而不應該一心撲在獲取外在的財產和榮譽上。

在上面所說的主體的優良素質中，能夠直接帶來幸福的是輕鬆、愉悅的感官。這是因爲這一優良素質所產生的好處是隨時隨地都存在的，一個人之所以愉快的原因是：他自己是一個愉快的人。這種愉快的氣質可以代替其他一切內在素質，但是其他所有好處都無法代替它。一個人也許是青年才俊、儀表堂堂、財產豐厚、備受尊重，但是要判斷他是否幸福的話，就必須問這樣一個問題：他是否輕鬆愉快？如果一個人的心情輕鬆愉快的話，那麼不論他年輕還是年老，身體健康還是疾病纏身，家財萬貫還是一貧如洗——對他來說都無關緊要：總之他是幸福的。

年輕的時候，我曾經翻看一本舊書，書中有這樣一句話映入了我的眼簾：「笑口常開的人就是幸福的；常常以淚洗面的人就是痛苦不幸的。」這句話普通得不能再普通了，但卻令我一直無法忘懷，因爲它說出了一個非常質樸的眞理，雖然有一些誇張。

所以，如果愉悅的心情來臨，我們要開放懷抱迎接它，因爲它來得永遠是時候。然而，我們的做法通常卻並非如此：當愉悅的心情到來時，我們總是猶猶豫豫地接受——我們想搞明白這種開心和滿足到底有沒有來由。此外，我們在認眞、嚴肅地思考或操勞時，會擔心愉悅的心情會打擾我們。實際上，這麼做是否有益並不清楚。相反，愉悅的心情卻能夠直接帶給我們好處。

對於幸福來說，只有愉悅的心情是現金，其他的東西都只是需要兌現的支票。愉悅的心情在讓人們感到愉悅的當下就直接給予了人們快樂。因此，對於我們的生存來說，它是一種絕妙的恩賜，因爲我們生存的眞實性就在於當下——無盡的過去和未來都由它連續不斷地連接在一起。從這一點可以看出，應該把獲得和促進愉悅的心情當作我們首要的追求。

毫無疑問，最能夠促進愉悅心情的是健康；而對獲得愉悅心情幫助最小的則是豐盈的財產。社會地位較低的勞動階級，尤其是生活在農村的人們，常常滿心歡喜、笑口常開，而有錢的人家卻經常愁容滿面。所以，我們應該努力追求的是保持身體健康——從健康的身體中才能開出心情愉悅的花朵。大家都知道，想要保持身體健康就要避免無節制的縱慾、劇烈的情緒波動，以及長時間的精神緊張和勞累；每天至少保持兩個小時的戶外快速運動；常用冷水洗澡，飲食有節制。一個人如果不每天運動的話，就無法保持身體健康。所有生命活動程序想要正常運作，無論是整體還是其中的一部分，都必須進行運動。

所以，亞里士多德說：「生命在於運動，生命的本質在於運動。」身體組織內部永遠在持續地運動；心臟通過複雜的雙重收縮和舒張，強有力地、持續不斷地跳動；心臟每跳動二十八次，就將全身血液通過大小血管傳送一遍；肺像一台蒸汽機一樣不斷地抽壓空氣；大腸則像一條蟲子一樣不停地蠕動；體腺不斷地吸收和排泄；在每一次的脈搏跳動和呼吸中，大腦也進行了一次雙重運動。

因此，人如果不進行外在運動——許多人都缺乏運動，過著一種靜止的生活——那麼，他們身體外在的靜止與內在的運動就會產生驚人的不協調，這種不協調是有害的。因爲身體內部持續不斷地運動需要外在運動的配合，這種身體內外部之間的不協調就好比：我們內部有某種激烈的情緒在翻湧，但又必須努力抑制這種情緒流露在外。哪怕是樹木也需要風的吹動才能生長繁茂。「某種運動的速度越快，那麼它就越成其爲運動」——用最爲簡潔的拉丁文來表述的話就是「Omnis motus guo celerior, eo magis motus」——這一觀點就適合用在這裡。

我們的幸福是由愉悅的心情決定的，而愉悅的心情又是由身體的健康決定的。想要證明這一點，只要將我們在身體強健時與疾病纏身、痛苦不堪時，對外在事物和環境所產生的不同感受進行對比就可以了。我們感到高興或者悲傷的原因，並非客觀、眞實的事物，而是我們對這些事物的感受。

正如愛比克泰德❸所說：「使人們困擾的並非客觀事物，而是對客觀事物的看法。」我們的幸福在絕大程度上取決於健康的身體。只要擁有健康的身體，從所有的事物中都能產生快樂；而一旦健康不再，所有外在的好處——無論是什麼好處——便都失去了意義，哪怕是人的主體所具有的好處，譬如精神思想、心情、氣質等優點，仍然會受到疾病的重大影響。這樣說來，人們相見時首先要問一問對方的健康情況，並祝願其身體健康，是很有道理的，因爲對於一個人的幸福來說，沒有比健康更重要的事了。由此可以得出：最愚蠢的行爲莫過於爲了追求金錢、學問、晉升、榮譽，甚至是肉慾或其他短暫的愉悅而犧牲自己的健康。健康永遠都要排在第一位。

雖然健康對增進愉悅的心情大有裨益——愉悅的心情對於我們的幸福來說是最重要的——但是，愉悅的心情卻並不完全是由健康決定的；因爲哪怕是最健康不過的人也會產生憂鬱的氣質和

---

❸愛比克泰德（約50—約138）：古希臘哲學家，晚期斯多葛派代表人之一。

悲傷的情緒。導致這一點的根本原因是人最初的、無法改變的機體組織的構成；亦即，一個人的感覺能力與肌肉活動、新陳代謝、興奮能力之間所構成的比例，不同的比例的正常程度不同。

如果感覺能力過於突出，那麼就會導致情趣失衡，產生週期性的過分的高興或無法排解的鬱悶。超常的神經力量，也就是超長的感覺能力，是產生天才的條件。因此，亞里士多德的看法：所有優秀的、傑出的人物都是憂鬱的，這一點非常正確：「所有哲學、政治學、詩歌或其他藝術領域出色的人物，看上去都是憂鬱的。」西塞羅引用率很高的這句話指的也是上述那段話：「亞里士多德說，所有天才都是憂鬱的。」關於我現在對人與生俱來的因人而異的基本情緒所進行的探討，莎士比亞曾經進行過非常優美的論述——

老天造下人來，
眞是無奇不有；
有的人老是瞇著眼睛笑，
好像鸚鵡見了吹風笛的人一樣；
有的人終日皺著眉頭，
即使捏斯托發誓說那笑話很可笑，

他聽了也不肯露一露他的牙齒，
裝出一個笑容來。

——《威尼斯商人》❹

柏拉圖使用「鬱悶」和「愉快」兩個詞來描述這兩種情緒，不同情緒的出現是由於人們感受愉快和不快印象的能力有著很大差別。所以，讓一個人感到絕望的事，也許會讓另一個人感到好笑。通常來講，一個人感受愉快印象的能力越弱的話，那麼他感受不快印象的能力就越強，反過來也是一樣。同樣一件事的結果在不同的人看來可能是好的也可能是不好的。

「鬱悶」型的人會由於「不好」的結果而傷心煩惱，而好的結果也無法使他高興起來。「愉快」型的人則不會爲不好的結果而傷心煩惱，而好的結果會使他感到十分快樂。「鬱悶」型的人即使已經完成了十個目標中的九個，也不會爲已經完成的目標感到高興，反而會爲那一個沒有完成的目標而悶悶不樂。「愉快」型的人與前者正相反，他們會因爲已經完成的目標感到安慰和快樂。

然而，就像沒有任何好處的完全的壞事並不多見一樣，「鬱悶」型的人，也就是陰沉和神經

---

❹ 引用自朱生豪譯《莎士比亞戲劇 上》。

質的人，雖然總體而言比那些樂觀快樂的人所承受的想像出來的不幸和苦難更多，但也正因爲這樣，他們所遭遇的實際的不幸和苦難反而更少；因爲他們認爲所有事物都是黑暗的，總是想到最壞的結果，因此總是時刻防備著。正因如此，他們失算和栽跟頭的次數要比那些總是愉快樂觀的人更少。

但是，如果一個人天生容易感到不滿、易怒，又遭受著神經系統或者消化系統方面的疾病，那麼有可能出現這樣的結果：長久的苦難使他對生活感到厭倦，並且因此產生了自殺的念頭。因此，哪怕是最小的煩惱和困難都會引起自殺行爲。確實，如果事情已經糟得不能再糟了，那麼這一丁點的煩惱和困難都不再有意義了，一個人會單純地因爲長久的鬱悶情緒而決定了結自己的生命。常常發生這樣的情況：雖然一個病人被他人嚴格地監視著，但他仍然會時刻抓住每一個監管鬆懈的機會，迫切地使用對他來說最自然、最求之不得的手段來擺脫痛苦——在這一過程中他並不會猶豫退縮，也沒有內心的抗拒。

如果想要瞭解關於自殺更爲詳細的論述，可以讀一讀埃斯基羅爾❺的《精神疾病》。然而除了這種情況，哪怕是最健康、最樂觀的人也會在某種情況下想到過自殺。那就是當有著十分巨大

❺ 埃斯基羅爾（1772—1840）：法國的早期精神病學家。

的痛苦，或者不幸無法避免地逼近時，這種痛苦和不幸已經戰勝了死亡帶來的恐懼。差別在於導致自殺所需要的誘因的大小，它與人的不滿情緒的強弱成反比。人的不滿情緒越強，可能導致自殺所需要的誘因就越小，直至最後減小為零。反之，人的愉快情緒越強，支撐這種情緒的健康狀況越好，導致自殺所需的誘因就越大。所以，雖然導致自殺的誘因有大有小，但有兩個極端，即天生的憂鬱情緒得到了病態的加劇；天生是樂觀、健康的，單純由於客觀原因造成的。

健康和美貌之間有一定的關係，雖然美貌這一主體具有的好處對我們的幸福並沒有直接的影響——它只能通過給別人留下印象的方式產生間接的影響——但是，美貌是非常重要的，甚至對男性來說也很重要。美麗的容貌就像一張打開的推薦信，它能在第一時間幫我們給別人留下好印象。所以，荷馬的幾句詩與我這裡的論述非常相配——

神祇的神聖餽贈是不能蔑視的，
這些餽贈只能由神祇賜給我們。
不管是誰，都不能隨意獲取它們。

——《伊利亞德》

人生就像鐘擺，總是徘徊在痛苦和無聊之間。對生活稍有瞭解就能明白：痛苦和無聊是人類幸福最大的敵人，我對這一點進行以下補充：當我們感到快樂的時候，也就是遠離第一個敵人的時候，離第二個敵人也就近了，反過來也是一樣。因此，我們的生活實際上就在這兩種狀態之間，時強時弱地左右搖擺。因爲痛苦和無聊之間存在著雙重對立的關係。第一重對立是外在的客體方面的，另一重則存在於內在的主體方面。外在的客體方面是對立的，艱苦和貧乏的生活導致了痛苦，而安逸富足的生活則會導致無聊。所以，地位較低的勞動階層永遠都在與貧乏，也就是痛苦做鬥爭，而上流社會的富人則絕望地掙扎在無聊中。痛苦與無聊之間在內在的主體方面的對立則在於：一個人感受痛苦的能力與感受無聊的能力之間成反比，這取決於他的精神能力的大小。亦即一個精神遲鈍的人，往往感覺遲鈍、較難興奮，所以精神遲鈍的人所感受到的各種強度的痛苦也就較少。然而，精神遲鈍導致內在的空虛，在很多人臉上都能看到。

此外，人們內在的空虛還表現在，他們對外在世界中發生的所有事情——哪怕是最細微的事情——都表現出持續的、強烈的關注。無聊眞正的來源就是內在的空虛，它促使人永遠不停地向外部尋求刺激，努力用某些事物來激活自己的精神和情緒。他們的做法可謂飢不擇食，從他們對單調、貧乏的消遣和社交趨之若鶩的事實就能證明這一點，何況還有許多人在門口和窗口向外張望。內在的空虛導致他們沉迷於花樣百出的社交娛樂和奢侈的消費；而這些東西會使人驕奢淫逸，最終墜入痛苦的深淵。

豐富的內在，也就是豐富的精神思想，是讓我們避免這種痛苦的唯一方法。這是因爲，人的精神思想方面的優勢越大，給無聊留下的空間就越小。精神思想豐富的人的頭腦中各種各樣思想在活動、更新；它們在體驗和探索內部世界和外部世界中的各種事物；還能夠將各種思想進行組合整理——除了偶爾的精神鬆懈狀態以外，這些都能夠使傑出的頭腦遠離無聊。而卓越智力的前提條件是敏銳的感覺，而其基礎是強烈的意願，也就是強烈的衝動。這些素質結合起來就使情感變得十分強烈，極大地提高了對精神和肉體方面痛苦的敏感程度。任何不愉快的事，哪怕是最微不足道的騷擾，都會導致強烈的煩惱情緒。所有這些素質都使頭腦中對各種事物的表象變強了，包括使人不快的事物。在頭腦卓越的想像力的作用之下，這些表象都變得活躍生動。我此處的觀點適用於擁有不同精神思想能力的人，不論是最愚笨的人、還是最傑出的思想天才。

由此可以得出，不論是在客體方面還是在主體方面，一個人越靠近人生痛苦的某一端，那麼他同時便越遠離另一端。因此，每個人本能地會使自己盡量調解客體來適應主體，從而儘可能遠離會更加敏感的痛苦那一端。人，要麼孤獨，要麼庸俗。一個精神豐富的人會首先努力擺脫痛苦和煩惱，從而達到一個寧靜、安逸的狀態，也就是獲得一種簡單、安寧，不受騷擾的生活。所以，只要對所謂的人有一定瞭解，他就會過起隱居的生活；如果他擁有博大精深的思想，他甚至有可能會獨居。這是因爲，一個人自身所具有的東西越多，那麼他對外部事物的需求也就越少，他人對於他的意義也就越小。因此，一個擁有傑出的精神思想的人往往不喜歡與他人交往。確實，如果社交的質量能由社交的數量來代替的話，過一種你來我往的熱鬧生活也還算值得。但很遺憾，哪怕一百個愚笨的人在一起聚會，也無法產生一個智慧的人。

反之，如果一個人位於痛苦的另外一端，一旦匱乏和需求稍稍放鬆了對他的要求，讓他得以歇一口氣，那麼他就會千方百計地追求消遣和社交，隨意地對待所有麻煩。他之所以這麼做只是爲了逃避自身，此外沒有別的目的。因爲當一個人獨處時，他只能求諸自身，他自身所具有的東西就會完全地暴露出來。所以，對一個愚笨的人來說，他的可憐的自身是一種無法擺脫的負擔，而他只能背負著它唉聲嘆氣。而一個具有卓越的精神思想的人，卻可以憑藉自己的思想使周圍死氣沉沉的環境變得生機勃勃。

所以，塞尼加❻所言非虛：「愚笨的人被厭倦所折磨。」而耶穌也說過：「愚蠢之人的生活比死亡還要糟。」由此可知，大體上來講，一個人對社交的熱衷程度，與他的智力和思想水平的高低成正比。生活在這個世界上，只能在獨處與庸俗之間擇其一，此外沒有其他的選擇。

---

❻塞尼加（約前4—65）：古羅馬哲學家、雄辯家。

人的大腦意識是寄生於人身體中的寄生物，人辛辛苦苦打拚來的閒暇時光，就是爲了用來自由自在地享受意識和個性帶來的樂趣。因此，閒暇是人生的精華，此外人生就只剩下了辛苦勞作。然而，大多數人在閒暇時都獲得了什麼呢？除了聲色享受和嬉笑打鬧，就是渾渾噩噩和庸俗無聊。人們對閒暇的消磨就表明閒暇對他們來說毫無價值。就像阿里奧斯托❼所說的那樣，他們的閒暇只是「無知者的無聊」。平庸之人只考慮如何打發時間，而稍有天賦的人則在計劃如何利用時間。思想淺薄的人很容易感到無聊，原因在於他們的智力只是服務於意欲的工具而已。

如果缺少誘發意欲的動因，意欲就會暫停，那麼智力也就休假了——因爲智力不同於意欲，不能自主激活。這樣一來，人的身體具有的所有力量都停滯了，這種可怕的情況就產生了無聊。爲了消滅這種無聊，人們就尋找一些瑣碎、細微、短暫的動因來對意欲進行刺激，從而使智力活動起來——因爲理解和把握動因本來就是智力的工作。然而上述動因之於那些眞正的自然動因，就像紙幣之於銀圓一樣，前者所擁有的只是隨意的價值；屬於這一類動因的有遊戲、紙牌等。這些遊戲就是爲了上述目的而發明的。這些遊戲一旦缺席，那些思想貧乏的人就會隨手拿來一樣東西敲擊來消磨時間。對於這類人來說，能夠代替思考的雪茄也大受歡迎。所以，在世界各地的社

❼阿里奧斯托（1474—1533）：意大利詩人，著有史詩《瘋狂的羅蘭》。

交聚會中，紙牌都是一種主要的娛樂方式。既然彼此之間沒有什麼思想值得交換，那麼就交換紙牌，還想要贏取彼此的錢財。

這些人多麼可憐啊！但是公正地來說，我們也可以爲紙牌遊戲進行這樣的辯護：可以將紙牌遊戲看作對日後世俗生活的預演，通過紙牌遊戲可以學到如何運用偶然的、無法改變的既定形式（也就是牌局），來儘可能獲得我們可能得到的東西；爲了實現這一目的，我們必須保持沉著冷靜，哪怕牌桌上的局勢再不盡人意，也還是能夠面露笑容。但是，正因爲如此，玩紙牌也有可能傷風敗俗。這一遊戲的特徵就是人們運用各種陰謀和技巧來贏取他人的錢財。在遊戲中所獲得的體驗和習慣，會延續到實際生活中，並且生根發芽。這樣一來，人們便會按照同樣的習慣來處理與其他人之間的事務，認爲只要不違反法律就可以動用自己所掌握的一切優勢。日常生活中隨處都能看到相關的例子。

如前所述，閒暇是人生命中的花朵，或者更貼切地說是果實。只有在閒暇中人才對自身有所把握和支配，而只有自身具有價值的人才是幸福的。然而，對於大部分人而言，閒暇只會讓人變成一個無所事事、無聊至極的無用之人，他的自身則變成了一個負擔。所以，值得慶幸的是：「親愛的兄弟們，我們不是幹粗活的女工的後代，我們是自由的人。」❽

❽ 出自聖經《加拉太人書》。

更進一步來說，就像不需要進口或者進口量很少的國家是最幸運的國家一樣，一個內在豐富不需要從外部獲取樂趣的人則是最幸運的人。這是因為，進口物品需要花費許多國家財產，還需要依賴他人，而且還伴有危險和麻煩。最終，進口的物品只不過是本土產品的劣質代替品罷了，因為不管怎樣，都不應該對他人、自身之外有太多所求。一個人對其他人所能做的是非常有限的。歸根結底，每個人都是孑然一身的，那麼這個獨立的人是一個怎樣的人便是最重要的問題。所以，歌德的評價（《詩與眞實》）用在這裡非常合適：不管經歷了什麼事情，最終每個人都只能求諸己。或者，像奧立弗・高爾斯密❾的詩句所說——

不管我們處於什麼地方，
都只能在自身尋獲幸福。
——《旅行者》

所以，每個人都應該使自己的能力得到充分發揮，努力做到最好。一個人在這方面越努力，

❾奧立弗・高爾斯密（1728—1774）：英國小說家、詩人和戲劇家。

那麼他從自身發現快樂源泉的可能性就越大，而他的幸福度也就越高。亞里士多德的話非常正確：「幸福屬於那些能夠從自身獲得樂趣的人。」原因在於，幸福快樂的外部源泉，在本質上都是不確定的、短暫的、被偶然所限制的。所以，哪怕是在最好的情況下，他們都可能輕易消失。確實，如果我們無法控制這些外部源泉的話，那麼上述情形就會發生。

人一旦衰老，那麼所有的外在源泉都會枯竭，因為他們已經沒有精力去維持談戀愛、說笑話、旅行、社交等活動或者對馬匹的熱愛；哪怕是我們身邊的朋友和親人也逐一被死亡奪走了。人自身所擁有的東西在這種時刻要比在其他任何時刻都更為重要，因為只有自身所有的才能更長久地保存。然而，對於任何年齡的人來說，幸福唯一的和眞正的源泉就是自身所擁有的東西。我們生活的這個世界沒有什麼值得稱道的東西，到處都是痛苦和貧乏，而那些躲過了痛苦和貧乏的人則又不得不受到無聊的折磨。除此之外，這個世界普遍被卑鄙惡毒所占據著，愚蠢的喉嚨叫聲更響，彷彿他們說的話也更為重要。命運很殘酷，人類很可憐。

在這樣的世界中，一個人擁有豐富的內在，就像冬天的夜晚，在冰天雪地中擁有一間溫暖明亮、使人快樂的聖誕小屋一樣。所以，個性越豐富、越出色，特別是具有卓越的精神思想，就是生活在世上最大的幸運，雖然最後命運的結果不一定是光彩奪目的。所以，只有十九歲的瑞典女王克里斯汀曾經非常睿智地評價笛卡爾——她對這位曾獨自在荷蘭生活了二十年的人的理解只是從他的一篇論文以及口頭資料中得來的：在所有認知中，笛卡爾先生是最幸福的那個；我認為他的生活非常值得羨慕（《笛卡爾的一生》，巴葉著）。

當然，必須有笛卡爾那樣的條件，擁有允許我們支配自身的外部條件，並且從中得到快樂。因此，聖經《傳道書》上說：「智慧加遺產就完美了，智慧能夠讓一個人享受陽光。」一個人如果得到了大自然和命運的祝福，運氣好得到了內在財富，那麼一定要小心翼翼地保證這幸福的內在源泉不會枯竭。為了達成這一目標，獨立和閒暇是必不可少的條件。

所以，為了得到上述兩種東西，這類人會心甘情願地用勤儉和節制作為交換。如果他們不像別人那樣將自己的幸福依賴於外在源泉的話，就更會這樣。所以，這類人不會被對地位、金錢、他人的讚美和擁戴等的期望引入歧途，不會為了迎合他人微不足道的目的或者低級趣味而犧牲自己。一有機會，他們就會按照賀拉斯在信中建議默斯那斯的那樣做。犧牲自己內在的安逸、閒暇和獨立來追求外部的地位、榮譽、頭銜和榮譽是非常愚蠢的。歌德所走的就是這樣的道路，而我的守護神卻引導我向完全相反的方向走。

關於這裡所說的幸福來源於人的內在這一眞理，可以通過亞里士多德《倫理學》的卓越的見解來印證。他說：「任何快樂都要以人從事某種活動或運用某種能力為前提條件；缺少了這一前提，便談不上什麼快樂不快樂了。」亞里士多德的觀點——也就是人的幸福在於自由地發揮自己卓越的才能——與斯托拜阿斯關於逍遙派倫理學的描述相同。斯托拜阿斯說：「幸福就是施展、運用我們的技巧，並且獲得希望的結果。」他還特別指出，他用古希臘文字來說明的是所有需要使用技巧和能力的活動。

大自然之所以給予人們力量，最初就是爲了讓人們有能力和周圍的匱乏進行搏鬥。如果這種搏鬥停止了，那麼力量也就沒有用了，反而會成爲人們的包袱。所以，人必須爲這些力量尋找一些消遣，也就是沒有目的地使用它們。這是因爲，如果不這樣的話，人就會立刻被人生痛苦的另一端——無聊——所侵襲。這也是爲什麼王公貴族最容易感到無聊。盧克萊修⑩曾經這樣描寫這些人的痛苦，如今在所有大城市中都可以看到相似的情況——

他時常走出宏偉的宮殿，步履匆匆地走向户外——因爲他已經厭煩了房間——然後又突然回來，因爲他覺得外面也並沒有多好。抑或，他騎著馬在農莊中奔馳，好像莊園起火了必須馬上趕去救火一樣。但是，剛剛走進莊園大門，他就立刻感到無聊打起呵欠來，甚至乾脆躺下來呼呼大睡。他要努力地忘記自己，直到他想重返城市的那天。

---

⑩盧克萊修（約前99—前50）：拉丁詩人、哲學家。

這些紳士們年輕力壯時，肌肉十分有力，生殖能力也很旺盛。但隨著年齡的增長，唯一能夠保存下來的唯有思想能力。如果我們本來就缺乏思想能力，或者沒有適當地鍛鍊我們的思想能力，再不然缺少能夠充分運用這一能力的材料的話，我們就會面臨十分值得同情的悲慘情形。只有意欲永遠不會枯竭，只要有激情的刺激它就會被激活。

比如說，一擲千金的賭博——眞正屬於低級趣味的罪惡——就可以激活意欲。通常而言，每個無所事事的人都會選擇一種能夠發揮自己特長的消遣，例如下棋、玩牌、打獵、畫畫、賽馬、玩九柱戲；或者鑽研文章、音樂、詩歌和哲學。想要對這個課題有更全面的瞭解，我們可以研究人的能力的所有外在表現的根源是什麼，也就是深入探索人的三種生理基本能力，也就是需要研究這三種能力的那些沒有目的的運用和活動——人類三類快樂的源泉便是由此構成的。每個人都擁有一類適合自己的快樂，這是用他所具有的突出能力的類別決定的。

第一類是由機體新陳代謝能力帶來的快樂：包括進食、消化、休息和睡眠。一些國家認同這類快樂，甚至是全民的娛樂方式。第二類是運用肌肉力量帶來的快樂：包括走步、跳躍、擊劍、騎馬、跳舞、打獵和各類體育遊戲；甚至包括戰爭和搏鬥。第三類是發揮感覺能力帶來的快樂：包括思考、觀察、感覺、閱讀、冥想、寫作、學習、發明、演奏和思考哲學等。

關於這些快樂的級別、價值和延續時間，說法不一，讀者也可以進行補充。但應該明白的是：我們所感受到的快樂（它的前提是施展我們的能力）和幸福（快樂的不斷重複就構成了幸福）的感覺越強烈，那麼作爲這快樂和幸福的前提的力量的等級也就越高。而且毫無疑問的是，感覺能力在這一方面要比其他兩種基本生理力量更有優勢——人相較於動物在感覺方面的優勢就是人優於動物的地方，而人所擁有的其他兩種基本生理能力動物也同樣擁有，而且動物在這些方面的能力遠超人類。

人的感覺能力屬於認知能力的範疇；所以，出色的感覺能力讓我們得以享受認知方面，也就是精神思想方面的快樂。情感能力越是突出和優秀，我們享受到的這一方面的快樂也就越強烈。如果想要讓一個平庸的人熱切地關注某件事，只能通過刺激他的意欲來使他對這件事產生切身興趣。但是，意欲如果保持長時間的興奮，就無法保持純淨，總是會有雜質，與痛苦緊密相連。確實，它能夠使人們產生付錢的樂趣，而它帶來的痛苦也是暫時的、微弱的，而非永遠的、強烈的。因此，紙牌遊戲也不過是對意欲撓癢癢一般的挑逗而已。

反觀那些具有卓越精神能力的人，卻能夠以充足的熱情進行認知活動，其中並沒有意欲夾雜其中。實際上，他們也是被迫這樣全情投入的。在他們熱切投入的領域中，有著陌生的痛苦。可以這樣說，他們處於神靈自由自在地生活的地方。因此，大衆的生活使自己變得渾渾噩噩、冥頑不靈，他們的思想和意欲全部用來維護能夠使其個人獲得安逸的微不足道的事物，因此，他們的生活中充滿了各種各樣的痛苦。所以，如果他們不再爲這些目的而忙碌，並被迫反過頭來依賴於其自身的內在，那麼他們就會受到極大的無聊的襲擊。這種情況下，只有激烈的情慾才能使大衆那種死板呆滯的生活獲得一絲生氣。然而，擁有卓越的精神思想的人的生活卻豐富多彩、生機勃勃、充滿意義；有價値和興味的事情引起他們的興趣，並且充滿了他們的頭腦。

由此可見，快樂最高級的源泉就來自於人的自身。能夠刺激他們的外在事物包括大自然的產物、他們所觀察到的人類事務，以及古往今來、世界各地的天才所創造出的數不盡的傑作。只有這類人才能夠眞正地、徹底地享受這些傑作，因爲只有他們才能充分地進行理解和領悟。所以，可以說歷史上的天才其實是在爲這些人而活，並且求助於他們。而其他人只不過是偶然的圍觀者罷了，他們只能明白一些皮毛而已。當然，天賦較高的人有一個普通人所沒有的需求，那就是學習、觀察、研究、沉思和實踐。這也正是對閒暇的需求。然而，就像伏爾泰曾正確地說明的那樣：「只有眞正的需求才會產生眞正的快樂。」因此，想要得到他人所沒有的快樂的前提就是需要有相應的需求。對於其他普通人來說，雖然他們身邊也有著大自然之美、藝術之美和思想領域的傑作，但這些東西對於他們來說就像美麗的妓女對於年老體衰的人一樣無用。

所以，一個擁有卓越的思想的人過著雙重生活，第一重是他的個人生活，第二重則是思想領域的生活。逐漸地，第二種生活變成了唯一目標，而第一種生活則淪爲了實現其目標的手段。不過，對於普羅大衆來說，他們的目標只是空虛淺薄、煩惱重重的生存罷了。擁有出色的精神思想的人最重視的是精神生活。隨著他們對事物的觀察能力和認識程度逐步加深，他們的生活便得到了某種整體性的統一；他們的精神生活的境界越來越高，變得越來越完美，就像一件完美的藝術品一樣。而那種單純以個人自身安逸爲目標的現實生活，在上述精神生活的對比下則顯得很可悲——因爲這種生活所能發展的只是長度而非深度。如前所述，對於普通人來說現實生活就是他們的目的，而對於擁有卓越精神的人來說則只是手段罷了。

如果缺少情慾的驅使，現實生活就會變得無聊和乏味；但是如果受到情慾的驅使，又會受到痛苦的折磨。所以，唯一幸運的只有那些擁有超凡思想稟賦的人，他們的智慧比意欲所需要的程度要更高。只有這些人才能同時享有現實生活和脫離痛苦的精神生活。他們全心全意地投入在這種精神生活中，絲毫不會感到疲倦。如果單單具有閒暇，也就是說智力不需要爲意欲服務的話，也不能夠使人們擁有精神生活；此外，人們還必須擁有某種眞正富餘的能力才能夠享有精神生活。只有擁有這種富餘的能力，才能夠進行純粹的、不爲意欲服務的精神活動。

相比較而言，「沒有精神思想方面的消遣的閒暇與死亡無異，人好像要被它活埋一般。」（塞尼加的話）每個人所具有的精神思想能力的富足程度不同，在現實生活中便有著不同等級的思想生活：從收集和描繪昆蟲、鳥類、礦物、錢幣等事務，到進行最優秀的文學和哲學創作。這類精神生活使我們可以免於低級的社交，和其他各種各樣的危險、痛苦、縱慾和損失。一個人如果僅僅追求現實生活中的幸福，那麼上述不好的東西就難以避免。因此，就我自己來說，雖然我的哲學並沒有帶來什麼具體的益處，但讓我遠離了許多損失。

然而，普羅大衆卻總把希望寄託於身外之物上，希望財產、地位、妻兒、朋友、社會人群能夠帶給自己生活的快樂；在這些東西上面寄託了他一輩子的幸福。所以，一旦這些東西沒有了，或者得到這些東西的希望破滅了的話，他的幸福也就隨之消逝了。這樣說能夠更清楚地說明這種情況：此人的重心位於他自身之外。正因如此，普通人的想法和心願總是在不斷變化，如果他有足夠的能力的話，他就會變換各種花樣，或者在鄉間購買一幢別墅和良種馬；要麼舉行晚會，要麼外出旅行。反正他要盡情享受奢華的生活，因爲他只能從外部獲得滿足，就像身患重病的人希望通過服用藥物來恢復身體的健康和力量一樣。

實際上，健康和力量的源泉是人自身的生命力。接下來並不立刻討論屬於另一極端的人，而是先來討論一下精神思想的力量雖然並不傑出，但又較普通人更強的人。可以看出：如果快樂的外在源泉不足，或者那些外在源泉已經不能使他們感到滿足的話，這類人就會選擇一門優美的藝術或者自然科學進行學習研究，或植物學、礦物學、物理學、天文學、歷史學等，並且從中得到消遣和娛樂。我們可以說這類人的重心一部分存在於自身。不過，這類人對於藝術的愛好是業餘的，與自發的藝術創造力之間還有不小的差距；而單純的自然科學只涉及事物表面現象之間的聯繫，所以這些無法使人全身心地投入，無法占據人們的頭腦，並且與其生命存在緊密地結合在一起，從而使人對其他所有事物都沒有了興趣。只有那種被我們稱爲「天才」的那一類人，也就是具有最卓越的精神稟賦的人才能進入上述狀態，因爲只有他們才會將存在本身和事物的本質完完整整地納入研究的課題。然後，他們便使用適合自己個性的方式，將自己獲得的深刻見解通過藝術或哲學表達出來。

因此，這類人非常迫切地需要遠離外界的打擾，以便全身心地投入於自己的思想和作品中。他們渴望獨處，閒暇對於他們來說是上天的恩賜。其他任何好處都是多餘的——假設它們眞的存在的話，它們往往只會成爲一種負擔。唯有對這類人才能說：他們的重心就位於他們自身之中。從中我們就可以明白，爲什麼這類極爲少見的天才，就算本身性格脾氣很溫和，但是對朋友、家人和集體也缺少其他人所擁有的那種息息相關的興趣。他們自身擁有豐富的內在，所以就算其他所有東西都消失了他們也能夠得到安慰。

所以，他們總是有一種孤獨的氣質；特別是當他人從來未曾眞正、完全地使他們滿足的時候，這種特質就表現得更爲明顯。所以，他們無法將其他人看作自己的同類。確實，如果相互之間的差異巨大的話，他們對於作爲人群中的另類生活其中也就習以爲常了。他們在腦子裡用第三人稱的「他們」，而非第一人稱的「我們」來稱呼人群。

從此可以看出，那些獲得大自然的恩賜並具有卓越的精神稟賦的人，就是最幸運的人。確實，對於我們來說，主體擁有的東西要比客體擁有的東西更近；如果客觀事物眞的有什麼作用，不管是什麼樣的作用，首先都需要通過主體才能發揮作用。所以，客觀事物永遠是第二性的。下面這句優美的詩可以作爲證明——

只有內在的靈魂才是眞正的財富；
其他一切帶來的煩惱比好處更多。
——盧奇安⓫

如果一個人擁有豐富的內在，那麼他對外在世界就毫無所求，除了閒暇這一具有否定意味的餽贈。他需要閒暇來使自己的精神能力得到提升和發展，充分享受自己的內在財富。他唯一的要求就是，在自己的一生之中的每一天都能做自己。如果一個人注定要給整個人類留下自己的精神

⓫ 盧奇安（約120—180）：二世紀希臘修辭學家、諷刺作家。

財富，那麼對於他來說唯一的幸福或不幸就是：能夠充分發掘、培養和發揮自己的才能，從而完成自己一生的傑作。此外的一切對他來說都並不重要。因此，我們會發現，任何時代的傑出的精神人物都把閒暇看作人生至寶：因爲對於每一個人來說，閒暇的價值就等同於他自身的價值。

「幸福似乎就是閒暇。」亞里士多德曾這樣說。狄奧根尼斯曾說：「蘇格拉底最爲珍視的就是閒暇。」與這些說法類似，亞里士多德稱研究哲學的生活爲最幸福的生活。他在《政治學》中的論述也與我們現在的討論有關，他說：「能夠完全自由地培養、發展一個人的卓越才能，不論是什麼才能，就是眞正的幸福。」歌德在《威廉・邁斯特》中也有相似的說法：「如果一個人擁有與生俱來的才能，並且注定要發揮這種才能，那麼能夠充分發揮這種才能就是最幸福的人生。」

但是，對於人們的普通命運來說，閒暇是少有的、奢侈的，對於人們的通常個性來說也一樣，因爲人天生的命運就是要花時間去獲取他自己和家人的生活必需品。人並不能自由發揮思想，因爲他是匱乏的後代。所以，對於普通人來說閒暇就變成了一種負擔。確實，如果不能用各種虛幻的目標和各種各樣的愛好娛樂來消磨時間，那麼閒暇最後就會變成痛苦。同樣，閒暇還可能帶來危險，因爲「一個人無所事事的話就很難安靜下來」這句話是很有道理的。然而，從另一方面來說，一個人擁有超常的智力本身就是違反自然的。所以，如果一個人眞的擁有這樣超常的稟賦的話，對於他的幸福來說閒暇就是必需品了。

因爲，如果沒有閒暇，這類人就會像被木軛子套住的柏加索斯⑫那樣憂愁。如果上面兩種特殊的反常情況——外在的特殊情形閒暇，和內在的卓越稟賦——碰到一起的話，那就是一個人最大的幸運。因爲這種情況下，那個天賦異稟的人就能夠獲得更高級的生活，亦即這種生活擺脫了人生的兩個互相對立的痛苦根源：匱乏和無聊。換言之，他不用再爲了生存而苦苦奔波，也不會無法承受閒暇（閒暇就是自由地生存）。只有人生的兩種痛苦互相抵消和中和，人才能夠擺脫兩者的煩擾。

然而，我們還應該瞭解：一個天賦異稟的人的頭腦擁有超常的神經活動，所以他對各種痛苦的感受能力也會更強。此外，他擁有超凡稟賦的前提條件——也就是激烈的氣質，再加上與此相關的對事物和形象的更加鮮明、徹底的認識，都會使他所感到的情緒更爲激烈。

通常來講，這些感覺帶給人的痛苦要多於快樂。最後還有一點，巨大的精神思想天賦會使它的擁有者遠離他人及其追求。這是因爲，一個人自己擁有的越多，他能夠從別人身上發掘獲得的東西就越少。那些深受大衆喜愛的花樣百出的娛樂，對他來說卻十分淺薄無聊。那存在於各處的

⑫柏加索斯：希臘神話中長有翅膀的飛馬，馬蹄踏過的地方會有泉水湧出，詩人喝了之後會獲得靈感。

事物之間的均衡互補法則也許同樣存在於這裡。的確，人們常說的而且好像頗有道理的觀點就是：頭腦淺薄的人從根本上來講是幸福的，雖然這種幸福並不值得羨慕。對於這一問題我不想給出一個明確的說法，以免讓讀者先入爲主，而且索福克勒斯⑬對於這種問題就有著兩種相矛盾的看法——

對於幸福來說，聰明的頭腦是最重要的。

以及——

想要擁有輕鬆愉快的生活，最好擁有簡單的頭腦。

聖經《舊約》中，先賢們對這一問題同樣衆說紛紜：

⑬索福克勒斯（前496—前406）：古希臘三大悲劇作家之一。

> 愚笨的人的生活，比死亡還要糟。
> 智慧越多，煩惱也就越多。

這裡我也不會忽略這種人：由於他們的智力是常規的有限的，所以他們在精神思想上並沒有什麼要求，也就是德語中所說的Philistine——「菲利斯坦人」。這個名字來自於德國的大學生詞彙。後來，這個詞有了更深層的含義，這層意思與原意相差不遠：「菲利斯坦人」的意思與「繆斯的孩子」的意思正好相反，也就是「被文藝女神遺棄的人」。

的確，從更高的角度來看，我應當把這個詞定義爲所有嚴肅古板，只關注那些並非現實之現實的人。不過，這個超驗的定義與大衆的視角是相悖的——而我在本書中採用的就是大衆視角——因此，這樣的定義可能不會被所有讀者眞正理解。

相較之下，這個詞的第一個定義則更好理解一些，而且詳細地指出了菲利斯坦人的特質及其來源。所以，菲利斯坦人指的就是沒有精神需求的人。按照上文中的原則，「沒有眞正的需求也就沒有眞正的快樂」來推斷的話：

首先，從菲利斯坦人自身來講缺少精神樂趣。他的存在缺少這樣一種強烈慾望的驅動，即對知識和眞理的探求，以及享受眞正的美的強烈願望——美的感受離不開對知識和眞理的探求。但是，如果社會風尚或者權威使他們不得不享受這種快樂，那麼他們就會像應付苦差事一樣儘快把他們應付過去。對他們來說，只有感官的快樂才是眞正的快樂。他們生存的最高追求就是牡蠣和香檳。他們生活的目的就是獲取能夠帶來身體上的舒適和安逸的事物。如果他們爲了這些事情而忙得團團轉的話，他們就會眞的感到快樂了！因爲，如果這些東西最初就給他們提供充足，那麼他們就會被無聊所包圍，爲了抵禦無聊，他們會想出各種各樣的方法：跳舞、社交、看戲、玩牌、賭博、喝酒、旅行、賽馬、玩女人等。但是，所有這些消遣都無法擊退無聊，因爲如果沒有精神上的需求，那麼也就不可能獲得精神上的快樂。

所以，菲利斯坦人有一個奇怪的特質，那就是他們的表情都是嚴肅、呆滯、乏味和一本正經的，和動物十分類似。沒有什麼事能使他們感興趣，或者使他們感到激動、快樂。感官上的興趣很快就會消失。如果一個社交聚會上全部都是菲利斯坦人的話，那麼這個聚會很快就會變得無聊乏味，最後連紙牌遊戲都會使人厭倦。無論如何，這種人最終剩下的僅有虛榮心。他們用各式各樣的方式享受虛榮心帶來的樂趣，亦即：他們努力獲得勝於他人的財富、社會地位或者權力和影響力，並由此獲得他人的尊崇。或者，他們至少能夠追隨在上述有能力的人身邊，籠罩在這些人發出的光芒之下。

從我們提到的這些菲利斯坦人的本質可以得出第二點：在對待他人方面，由於菲利斯坦人只有身體需求而沒有精神需求，所以他們在與別人交往時，會選擇那些能夠滿足自己的身體需求而非精神需求的人。所以，他們對他人要求最低的就是對方所具有的精神思想。那些具有卓越的精神思想的人只會讓他感到反感，乃至憎惡。那是因爲，這種人激起了他那可憎的自卑感和愚蠢的、不爲人知的嫉妒心——他一直試圖小心地遮掩著這些東西，甚至對自己也遮掩。但正因爲如此，這種嫉妒心就會變成一種私下里的痛苦和憤怒。所以，他永遠不會給予卓越的精神思想以恰當的尊敬；他只是全心全意地尊敬那些擁有地位、財富和權力和影響力的人，因爲在他心目中這些才是眞正有價值的東西。他的願望也就是在這些領域勝人一籌。所有這些的源頭都在於這個事實：他是一個沒有精神需求的人。

菲利斯坦人的巨大痛苦就是，任何理念性的事物都不能給予他們快樂。爲了避免無聊，他們對於現實性的事物有著無窮無盡的需求。但是，因爲現實性的東西很快就會窮盡，這種情況一旦發生，這些東西所能帶來的就不再是快樂而變成了厭倦。此外，這些東西還會招致災禍。相較之下，理念性的東西確是無窮盡的，而且它們本身是無邪無害的。

在關於什麼樣的個人素質和天賦能夠給人帶來幸福的討論中，我主要關注的是人在身體和智力上的素質，而關於道德素質是怎樣直接帶給人幸福的這一問題——我在關於道德的那篇獲獎論文[14]中已經進行過討論了。因此，我建議讀者們讀一讀那篇論文。

---

[14] 指《論道德的基礎》。

第三章 人所擁有的財富

傑出的幸福論教育家伊壁鳩魯優美而準確無誤地將人的需要分爲三類。第一類是人天生的迫切的需要。這一類需要如果無法滿足的話，人就會感到痛苦。這一類需要理所當然就是食物和衣物，是較容易被滿足的。第二類需要也是天生的，但並不迫切。那就是性慾的滿足，雖然伊壁鳩魯在《賴阿特斯的報導》中並沒有明確指出（此處我將他的理論更清楚、更完整地表達出來）。這一需要的滿足也較爲困難。第三類需要則既不是天生的，也並不迫切，那就是追求奢華、排場、鋪張、輝煌，這種追求是永無止境的，所以這類需要也很難滿足。

在擁有多少財產這一方面的願望，幾乎不可能或者很難確定到底怎樣的程度才是合理的，因爲一個人所擁有的某種財產的絕對值並不能決定他在財產方面的需求能否滿足。他的滿足程度是由相對數量決定的，亦即，由他所期望得到的財產和實際已擁有的財產之間的比例所決定。

所以，只考察一個人實際擁有的財產沒有任何意義，就像在計算分數時只計算分子而沒有計算分母。當一個人的意識中還不存在對某種東西的需求時，他就不會感到這方面的缺乏。就算沒有這樣東西，他的內心也仍然是平靜的。但是，如果一個擁有百倍財產的人，一旦他對某種東西有了需求又無法得到它的話，他就會感到鬱悶。在這一層面，每個人認爲有可能滿足的需求都限制在他的視線範圍內。他的需求不會超出這一視線範圍。如果屬於他的視線範圍之內的具體事物出現，並且他認爲能夠得到的話，他就會感到幸福。但是，如果得到這一事物十分困難，甚至根本沒有任何希望和可能性，那他也不會受到影響。所以，窮人並不會由於無法得到巨額財富而痛苦不堪，但富人在計劃失敗或期望落空時，就會忽略自己已經擁有的數量可觀的財富，也不會以此來自我安慰。

財富就像海水：一個人喝的海水越多，就越感到口渴。名聲也適用於這個道理。當我們失去了財富或者安逸的生活時，最初的劇痛一旦挺了過來，我們通常的心境就和最初的沒有太大的差別了——這是因爲：我們的財富被命運削減時，我們的要求也就相應降低了。當不幸降臨時，上面所說的這一過程是十分痛苦的；但當這一過程結束後，痛苦也就減少了很多，最後甚至完全感覺不到了，這是因爲傷口已經癒合。相反，如果好運來臨，我們的期望就會極大地膨脹，這一過程給我們帶來了快樂。然而，這種快樂無法持久。當這個過程結束後，我們已經習慣了那被擴大的需求範圍；而且，我們目前所擁有的東西與新的需求相比就顯得不足爲道了。

荷馬在《奧德賽》第十八節所表達的意思與這裡所說的相類似。這一節的最後兩行如下——

平凡之人的情緒起伏不定，
就像神、人之父所賜予的日子。

我們感到不滿的原因就在於我們試圖不斷地提高自己的要求，但與此同時，其他阻礙我們成果的條件卻沒有改變。

對於人類這樣一個貧乏、慾求不滿的物種，人們對財富的尊重要比對其他任何東西的尊重都要更多、更眞誠，甚至近乎崇拜，這也不足爲奇。甚至連權力也只是獲取財富的工具而已。同樣不値得奇怪的是：爲了實現獲得財富這一目標，什麼東西都可以被推翻、被拋棄。比如，哲學教授就是這樣拋棄了哲學的。

人們的最首要的願望總是金錢，人們對金錢的熱愛遠超其他一切，並且經常因此受到責備。但是，人對金錢的狂熱是自然的，並且無法避免的。金錢彷彿永不疲倦的普魯特斯⑮一般，時刻準備著變換成我們飄忽不定、變幻多端的願望和欲求所需要的東西。

任何金錢之外的物品都只能使一個需要得到滿足，比如說食物能夠滿足飢餓之人的需要，醇

⑮ 普魯特斯：希臘神話中善於變形的海神。

香的酒能夠滿足健康的人的需要，藥物能夠滿足病人的需要，皮毛能夠滿足人們在冬季的需要，女人能夠滿足年輕人的需要等。所以，這些東西都只能「服務於某種特定的東西」，它們只有相對的好處。而只有金錢的好處才是絕對的，因爲它不僅僅能滿足某種具體需要，而是能夠滿足多種抽象的普遍需要。

我們應該把現在所擁有的財富看作能夠抵禦各種可能發生的災禍的城牆，而不是用來揮霍、享樂的許可證，我們的義務並不是尋歡作樂。如果一個人憑藉自己的某種稟賦——無論是什麼稟賦——從最開始的籍籍無名一直到獲得了巨大的財富，那麼他就會產生這樣的錯覺：自己的稟賦是不會改變的本金，而通過它獲得的金錢只不過是本金產生的利息。所以，他並不會將賺來的錢拿出來一部分當作穩固的本金來積累，而是大手大腳地揮霍掉。

在這種情況下，他們最終通常會陷入貧困，這是因爲如果他們的天賦所維持的時間較短，比如說幾乎一切關於美的藝術都有這樣的情況，那麼他們的天賦就總有一天會枯竭。抑或，他們需要依賴於某種環境和風尙才能賺錢。一旦這種環境和風尙消失，他們也就無法賺錢了。

手工製作者卻可以像上述情況一樣大手大腳地花錢，賺了就花，花了再賺，因爲他們的製作才能是不會輕易消失的，而且助手和幫工的力氣也不會將他們取代。所以，以下說法是正確無疑的：「掌握一門手藝，就等於有了一個金飯碗。」而形形色色的藝人和藝術家所遇到的卻是完全不同的情況。因此，他們能夠得到非常豐厚的報酬。他們應該把賺來的錢當作本金，但他們卻將之當作利息。這就導致他們最終會陷入貧困。相較而言，那些繼承遺產的人最起碼很快會對本金和利息有所瞭解。因此，他們中的大部分人會努力妥善地保管自己的本金。實際上，如果有可能，他們最少會將利息的八分之一存起來以備不時之需。所以，他們大部分人都過著富裕的生活。我此處所說的不包括商人，因爲金錢對於他們來說本來就是產生更多金錢的工具和手段。所以，雖然他們用辛勞賺來了錢，但他們還是會用最合適的方法來使用這些錢，從而保持和增加資本。因此，在巧妙地、合適地運用金錢方面，他們要比其他任何階層的人都更擅長。

通常情況下，那些親身經歷過匱乏和貧窮的人，與那些對貧困只是有所耳聞的人相比，更不害怕貧困，所以更熱衷於奢侈和豪華。前者包括撞大運的人或通過自己的某種特長——不管是什麼特長——從最初的貧困很快過上富足生活的人；後者則包括在家境良好的環境中出生並成長的人。後者更關心未來，所以與前者相比他們生活要更節儉。

由此可以得出這樣一個結論：與我們人致看到的景象不同，貧窮並沒有那麼糟糕。不過在上述例子中，在富裕家庭中出生的人把財富看作必備之物，是唯一可能的生活的必備元素，就像空氣一樣必不可少。所以他們就非常警覺地像保護生命一樣保護著自己的財產。因此，他們一般都會謹小愼微、勤儉節約、井井有條。相反，那些出身貧困的人卻認爲貧窮是理所當然的。對於他們來說，繼承而來的財產只不過是多餘的東西，錢就應該用來享受和揮霍！當他們把財富揮霍一空時，他們仍然會像以前貧窮時那樣繼續生活，而且，還少了一樣煩惱呢！就像莎士比亞所說——

一旦乞丐坐上了坐騎，就一定要把馬跑到累死。

——《亨利五世》

當然，這類人對自己的運氣和能力有著過於堅定的自信，因爲這兩種東西幫他擺脫了貧困。然而，他們的信心更多地存在於心裡而非頭腦裡。因爲與那些生而富貴的人不同，他們並不認爲貧困是無底深淵。在他們看來，只要用腳努力蹬踏幾下，就能再次浮起來。人的這種特性可以解釋爲什麼與嫁妝豐厚的富家女相比，出身貧困的女子反而更加挑剔、講究和奢侈浪費。因爲通常來講，富家女相較於貧家女，她們繼承的不僅有財產，而且還有著更強烈的保護財產的願望。不過，反對這一觀點的人可以從阿里奧斯圖的第一首諷刺作品中得到權威的支持。但約翰遜博士⑯

⑯約翰遜博士（1709—1784）：英國詩人、作家和評論家。

是同意我的觀點的：「一個習慣管理金錢的貴婦，花錢時會小心翼翼；而一個在結婚後才變得有錢有權的女人，花錢時卻會膽大妄爲，以致於揮霍無度。」（《約翰遜的一生》，博斯威爾著）無論如何，我都要勸告那些娶了貧家女做妻子的人，不要把本金給她們，而是給她們發放年金。特別要注意的還有，不要把孩子的財產交給她們。

在這裡我提醒人們，小心地保管掙來的錢或繼承的財產。相信我這麼做並不是白費筆墨。如果一個人最初就有豐厚的財富，能夠眞正獨立自主地生活，亦即不用付出辛勞就能過上舒適的生活——哪怕是只能維持自己的而非全家的生活——那就是一種十分珍貴的優越條件了；因爲這樣一來，他就能擺脫人生中的匱乏和辛勞，從大衆的苦役中解脫出來——而這種苦役是普通人的宿命。只有這種得到命運眷顧的人，才是眞正自由的人。只有他們能做自己的主人，主宰自己的時間和力量。每天早上他們都可以宣告：「今天是屬於我的。」

因此，一個擁有一千塔勒⓱年金的人與一個擁有十萬塔勒年金的人之間的差異，要比前者與一個一文不名的人之間的差異小得多。如果祖上的家產由一個擁有卓越精神稟賦的人來繼承——他所從事的事業與埋頭賺錢並沒有太大關係——那麼，這筆財富就能發揮出它最高的價值，因爲

⓱ 塔勒：15世紀末以來主要鑄造和流通於德意志等中歐地區的一系列大型銀幣的總稱。

這個人得到了命運的雙重恩賜，他可以盡情爲了自己的天賦而生活。他可以做別人做不到的事，創造出既有益於大衆，又能帶給自己榮耀的東西。他通過這樣的方式上百倍地償還自己對世人的虧欠。其他同樣擁有優厚生活的人則可以通過慈善活動來爲世人做貢獻。

相較之下，如果一個繼承了遺產的人不從事任何上面提到的事情——就算只是試著去做或者只做出了很少的成績——甚或根本沒有嘗試著仔細研究一門學問，來促進這門學問的發展；那麼，他就是一個可恥的遊手好閒的人。這類人也不會覺得幸福，因爲脫離貧窮將他引入了人生痛苦的另一個極端——無聊。他忍受著無聊的折磨。如果身處貧困之中能讓他有事做的話，他反而會覺得生活更幸福。無事可做的無聊很快就會使他開始窮奢極欲，這樣一來他那根本不配享用的優越條件也就被剝奪了。很多富人最後都會陷入貧窮的境地，原因就在於他們有錢時就拿來肆意揮霍，目的不過是爲了從折磨他們的無聊中獲得短暫的喘息機會。

但是，如果我們以獲得最高的公職爲目標，那情況就完全不同了，爲了達成目標，我們必須獲得朋友的支持、人脈和他人的青睞；只有通過這種方式才能逐漸晉升，直到獲得最高的職位。這樣說來，出生時一無所有反倒更好。特別是一個出身並不顯赫卻擁有某種才華的人。如果這個人是一文不名的窮人，這反而會成爲他眞正的優勢，他可能因此而受到他人的提攜。這是因爲，每個人都喜歡在他人身上尋找缺點和不足——這不但表現在人們之間的交流上，更表現在國家公務事業方面。只有一個一無所有的窮光蛋才會對自己徹底的、全面的、絕對的劣勢沒有任何懷疑，才能夠清楚地認識到自己是毫不重要、毫無意義的。只有在這種情況下，他們才會不斷地對別人彎腰鞠躬，也只有他們才會鞠九十度的深躬。只有他們才能一再隱忍，並且用微笑來回應。只有這種人才明白自己的貢獻沒有任何意義；只有這種人才會用高高的聲調或醒目的黑體字，把拙劣的文字作品在公開場合奉爲經典——那些作者如果不是地位比他們高很多，就是非常有勢力；也只有這種人才會做出一副討好人的模樣。所以，只有這種人才會在青年時就大力倡導下面這條很少有人指導的眞理——歌德通過以下句子將這一眞理表達了出來——

誰都不要抱怨卑鄙和下流，因爲
只有卑鄙和下流，才是這世界上最具有威力的東西。

相較而言，一出生就無須爲生活憂慮的人，通常都難以管束。這種人習慣於高昂著頭顱、邁著大步生活，並沒有學會上面所說的爲人處世的藝術。他們或許也擁有某些值得驕傲的才華，但他們應該明白，這些才華根本無法與平凡庸俗、拍馬屁相提並論。最後，他們會發現那些身居高位的人身上的平庸和低劣。除此以外，當他們遭受他人的侮辱和各種氣憤的事情時，他們就會感到羞恥、迷茫和恐懼。這可並非在這個世界的生存之道。反之，他們應該附和伏爾泰的這句話：「我們沒有太多時間存在於世界上，不值得匍匐於可鄙的壞蛋腳下。」順便補充一下，遺憾的是世界上有許多所謂的「可鄙的壞蛋」。所以，我們可以看出尤維納利斯⑱的這句詩——

在促狹的房間中，無法施展，
想要昂首挺胸已經是很困難的了。

更適合從事藝術表演方面的人，而不適合其他那些善於鑽營的世俗之人。

在『人所擁有的財富』這章中，我並沒有算上妻子和孩子，因爲實際上並不是他擁有妻子和孩子，而是妻子和孩子擁有他。不過朋友可以算作一個人所擁有的東西，但甚至在這一層面，在某種程度上來說擁有者同樣也是他人所擁有的東西。

⑱ 尤維納利斯（約60—約140）：古羅馬諷刺詩人。

第四章 人在他人心中的位置

我們展示出來的表象——亦即我們在他人眼中的形象——往往被我們過於重視，這可能是由我們人性中的一個獨特弱點導致的。雖然只要簡單思考一下就能明白，對於我們的幸福來說，別人的看法在本質上來說並不十分重要。所以，很難解釋明白爲什麼一個人發現自己可能在別人那兒得到一個好的評價時就會感到高興，虛榮心就會得到一定的滿足。就像一隻貓在被人愛撫時會高興地叫喚一樣，一個人被他人讚美時，臉上就會流露喜悅的神色。只要別人的讚美屬於他的期待範圍，那麼就算這種讚美很顯然是虛僞的，被讚美的人仍然會很開心。

這類人就算遇到眞正的不幸，或者幸福的兩個主要來源——上文中已經論述過的——十分匱乏，但是別人的讚美仍然能讓他們感到安慰。使人感到驚奇的是，不管處於什麼情況，只要他們想要獲得他人良好評價的願望受到任何程度、任何意義上的挫折，抑或如果他們被別人輕視怠慢的話，他們都會感到傷心難過，甚至巨大的痛苦。如果說榮譽感是以這種特殊的人性爲基礎的，那麼它就是道德的替代物，就可以有效地督促人們多做善行。

但是，在人自身的幸福方面，特別是在與幸福關係密切的平和心境和獨立自主方面，這種榮譽感起到的更多是擾亂等消極作用，而非積極作用。所以，爲了增進幸福這一目標，我們應該對這一人性的弱點加以限制；應該仔細地思考以及恰當地評價其眞正的價值，盡量使我們對他人意見的敏感度降低，不管是受到他人意見的安慰還是傷害都應該這樣，因爲這兩者是一條線的兩端。不然，人們就會被他人的看法所奴役——

讓一個渴望讚美的人感到苦惱或者高興的話，

實際上是多麼無關緊要！

——賀拉斯

對於我們的幸福來說，正確評價我們的自身價值和正確看待他人對自己的評價是非常有益的。我們的自身包括我們生存時間所具有的全部事物，我們生存的內在成分，以及我們在『人到底是什麼』和『人所擁有的財富』這兩章中論述過的所有好處。在我們的頭腦意識中，所有這些都在起著作用；而他人對我們的看法只在他人的頭腦意識中起作用，它是呈現在他人頭腦中的帶有附加的各種概念性的東西的表象。因此，對於我們來說，他人的看法並不是直接存在而是間接存在——只要這些看法並沒有影響和決定他人對我們的行爲。只有當他人的看法對某件事物發生作用，並從而影響到我們自身時，我們才需要考慮他人的看法。在其他任何情況下，對我們來說，他人頭腦意識中發生的東西都無關緊要。而且，如果我們最終能夠清楚地認識到——大部分人的頭腦中充滿的思想和念頭都是膚淺而微不足道的；他們目光短淺，沒有什麼高尚的情操；他們的見解也充滿錯漏、不分是非——這時，我們就會漸漸地很漠然地對待他人的評論了。

此外，根據我們的個人經歷就可以得知，當一個人不需要害怕他人，或者當他確信自己的話不會被議論對象知道時，他就很容易用輕蔑的話語去議論他人。只要聽一下那群愚蠢的人是怎麼用輕蔑的語氣討論那些最偉大、最傑出的人物，我們就會對他人的看法更加不以爲意了。我們也會明白，如果對他人的看法過於看重，那就是高看他們了。

無論如何，一個人如果沒有從上述前兩種內在和外在的財富獲得幸福，而只是在這第三種的好處中尋覓幸福，亦即：他不在自己的眞正自我中，而是在他人頭腦裡自己的表象那裡尋求快樂和滿足，那麼，他就是十分不幸的。因爲說到底，我們的動物本性才是我們存在的基礎，也就是我們幸福的基礎。所以，對於我們生活的舒適程度來說，健康是首位，處於第二位的是維持生存的手段，也就是無須辛勞的收入。

榮譽、地位和名聲——雖然很多人認爲這些東西很有價值——但卻無法與關鍵的好處相媲美，或者取而代之；必要時，為了前兩種好處，我們應該毫不猶豫地將這第三種好處拋棄。正因為如此，對於增進我們的幸福來說，瞭解一下這一樸素的道理是很有好處的：任何人首先而且實際上的確是寄居於自己的皮囊之中，而並非存在於他人的看法裡；所以，對於我們的幸福來說，我們個人的現實情況——健康、性格、能力、收入、女人、子女、朋友、居所等因素對這種情況有著決定性的作用——要比他人對我們的隨意的看法重要許多倍。

與這一觀點相左的錯誤看法只能使我們陷入不幸。如果有人高調宣稱「榮譽比生命還要重要」，實際上就等於在說「人的生存和安逸是無關緊要的，他人對我們的看法才是最重要的。」不管怎樣，這種觀點都太誇張了，它得以成立的基礎是以下這個簡單的道理：如果想在這世界上站穩腳跟，對於我們來說，榮譽——也就是他人對我們的看法——常常是絕對需要的。以後再對這一點進行仔細的論述。然而，我們發現：差不多每個人窮盡一生努力拚搏，克服了艱難險阻，最終目的就是為了讓他人對自己高看一眼。人們費盡心思追逐官職、頭銜、勛章和財富，最主要的目標都是獲得他人的尊重，甚至從事科學和藝術的根本目標也是如此。

通過這些情況可以很遺憾地看出來人類是多麼愚蠢。人們經常犯的錯誤就是過於看重他人的意見和看法。這個錯誤或者來源於我們的本性，或者是隨著社會和文明的發展而產生的。無論如何，我們的行為和事業都受到了它很大的影響，而且我們的幸福也因此受到了損害。有很多具體的例子：從普通的奴顏婢膝、誠惶誠恐地考慮「別人會怎麼說呢？」到極端的古羅馬護民官維吉尼斯將劍刺入女兒的心臟。有的人爲了死後的榮耀，不惜貢獻出自己的財富、安寧、健康甚至生命。這一錯誤爲統治者和駕馭者提供了一個很方便的統治方法。因此，培養和強化榮譽感在各種訓練人的方法中都是最重要的。

然而，對於我們的幸福而言——這是我們的目的所在——榮譽感卻有著完全不同的位置。相反，我要提醒的是，不要把他人對自己的看法看得過於重要。但是，從日常經驗來看，大部分人還是將他人對自己的看法當作最重要的事，他們對他人看法的關注程度甚至超過了對存在於自己頭腦意識中，所有與自己切身相關的事的關注程度。這樣一來自然的秩序就被他們顛倒了，他們存在的現實部分好像變成了他人的看法，而自身存在的理念部分則成了自己意識中的內在內容；他們將派生的和次要的東西當成了首要的東西——比起自己的本質存在，他們更看重的是自己在他人眼中的形象。

人們用虛榮來稱呼這種把非直接爲我們所存在的東西，當作直接存在並過分看重的行爲，體現出這種願望和努力本質上的虛無和空洞。而且從上述討論可以得出：這種虛榮是爲了手段而忘了目的，它的性質與貪婪相同。

實際上，我們對他人看法的重視程度和我們對此的擔憂程度，通常來說都超過了合理的範圍，甚至可以把它看作一種廣泛流行的，或者更準確來說，是一種人類天生具有的瘋狂。不管我們要做什麼事還是不做什麼事，第一個要考慮的就是他人的看法。通過仔細觀察可以發現，我們所感受到的擔心和害怕大部分都來源於這類憂慮。

我們脆弱的自尊心——因爲它敏感得接近病態——所有虛榮、自負、炫耀、鋪排都以之爲基礎。當我們不再擔憂和期待他人的看法，絕大部分奢侈和排場都會立刻消失。各種各樣的榮譽和自豪感，雖然有著不同的內容和範圍，但基礎都是他人的看法。爲了這些東西人們犧牲了多少啊！榮譽感在童年時代就開始顯現了；隨後在青年時代和中年時代，榮譽和自豪感變得更加重要；到了老年時期，對於這方面的渴求卻更加強烈，這是因爲老年時期，感官享樂已經很薄弱，虛榮和驕傲就和貪婪一起占據了主要位置。

法國人身上的虛榮心表現得十分明顯，這是因爲法國人的虛榮心有著特殊的地域特點，往往會發展成誇張的野心、滑稽的民族自豪感和不知羞恥的自我吹噓。但是，這麼做反而適得其反，法國人因此成爲其他民族取笑的對象，被戲稱爲「偉大的民族」。

我在這裡舉一個很有代表性的例子，來說明重視他人的看法這一行爲的本質是不正常的。在這個例子中，合適的人物與當時的情況相結合，是反映這種來源於人性的愚蠢的絕佳例子，因爲從中可以瞭解到這種反常而獨特的行爲動機的強度。下文摘自《泰晤士報》一八四六年3月31日的一篇報導，這篇報導是關於手工製作學徒湯馬斯．韋斯的，他因報復並謀殺了自己的師父，被執行死刑：「執行死刑的那天早晨，監獄牧師很早就來了，準備為犯人提供服務。韋斯很安靜，他對牧師的勸告毫不關心，而他關心的唯一一件事就是要在那些親眼看到自己可恥的生命結束的人群面前，鼓起勇氣，表現得勇敢。他成功地完成了這件事。當韋斯穿過院子走向監獄中搭起的絞刑架時，他大聲說——為了讓周圍的人聽到：『啊！就像多德博士說的那樣，我馬上就能夠知道那個偉大的祕密了！』他的肩膀被綁著，但是不需要別人攙扶就登上了絞刑架的梯子。然後，他站在梯子上向四周觀望的人鞠躬。觀望的人們看到他的行為，立刻發出熱烈的讚揚聲。」

這個例子十分絕妙：一個人馬上就要奔赴令人恐怖的死亡，死後就是沒有盡頭的永恆。然而，在最後這一時刻，他所關心的除了要給那群看熱鬧的烏合之眾留一個好印象之外別無其他。同一年，一位法國伯爵因試圖謀害國王而被判處死刑。接受審判時，他卻擔心出現在元老院時能不能衣著體面。執行死刑的時候，他在擔心允不允許他刮鬍子。過去情況也是如此，從馬迪奧．阿萊曼⑲的著名小說《古斯曼．德．阿爾法拉契》的引言中可以看出來。

此書的引言向我們說明：很多迷茫的罪犯都用本應用來為自己的靈魂獲得救贖的最後時間來

---

⑲馬迪奧．阿萊曼（1547—約1614）：西班牙小說家。

起草和背誦簡短的演說辭——他們計劃站在絞刑架下面進行演說。我們可以在這些極端的例子中看到自己的影子，因爲越極端的事情越能更清楚地說明道理。大部分情況下，我們的擔憂、煩擾、辛苦、憤怒和恐懼都與他人對我們的看法脫不了干係。這些與上述那些可憐的罪犯的行爲一樣毫無道理可言。我們的嫉妒和憎惡的來源也是一樣的。

顯然，想要增加我們的幸福——它的基礎是我們安寧、滿足的內心——最好的方法就是限制和減弱這種衝動。我們應該將它限制在一個理性的、合理的程度——可能只是現有程度的五十分之一。如果能做到這樣的話，就等於一勞永逸地拔出了這支令我們疼痛的荊棘。然而，人們卻很難做到這一點：因爲這來自於我們天生具有的反常本性。

「智者們直到最後才會放棄名聲」——塔西佗[20]這樣說（《歷史》第4,6）。避免這種普遍的愚蠢行爲的唯一方法，就是明確知道此行爲的愚蠢。爲此，我們應當明白：人們頭腦中大多數的看法和見解都是虛假、離譜、不分是非的。所以，我們完全不必在意這些看法。而且大部分情況下，我們並不會眞正受到他人看法的影響。再說，他人的意見通常都是比較刺耳的，如果一個人聽到別人背後對他的議論，以及議論時的語氣的話，肯定會大發雷霆。

---

[20] 塔西佗（約55—約120）：古羅馬歷史學家。

最後，我們應該明白：哪怕是榮譽本身，也只有間接價值而沒有直接價值。一旦我們杜絕了這種普通的愚蠢行爲，那麼我們內心的安寧和快樂就會大大增加。而且，我們的言行舉止和心態都會更加自信、誠懇、實在、眞實和自然。

隱居之所以對我們獲得內心的寧靜有很大幫助，主要是因爲我們遠離了他人的目光。這樣一來，我們就不用隨時隨地擔心他人對我們會怎麼看，我們因此能夠回到眞正的自我。而且，這樣可以使我們避免很多眞正的不幸；因爲對純觀念性的東西——更準確地說是他人的愚不可及的看法——的追求，會爲我們帶來不幸。這樣我們就可以對自己擁有的那些切實的好處給予更多的關注，並且免除一切干擾地享受它們。然而，就像這句希臘文所說：「越高貴的東西越難以達到。」

此處所討論的根植於人類本性的愚蠢，產生出了三條分岔：好勝、虛榮和驕傲。虛榮和驕傲之間的區別在於：驕傲是相信自己在某方面擁有獨特的價值，而虛榮則是讓他人相信自己在某方面擁有獨特的價值；通常而言，與虛榮同時存在的還有這樣一種隱含的願望：通過讓別人相信來使自己獲得這樣的信心。所以，驕傲是產生於內部的，直接的自我尊重；而虛榮則是從外部、間接地爲了獲得這自我尊重的努力。因此，虛榮的人喜歡夸夸其談，而驕傲的人則信奉沉默是金。

然而，虛榮的人要明白的是：如果他保持沉默而不是夸夸其談——無論他說出的話語多麼美妙動聽——反而會更容易從他人那裡得到自己渴望的良好評價。每個人不是想要驕傲就能驕傲的，他最多只能擺出驕傲的架式而已。然而，就像所有扮演虛假角色的人一樣，他很快就會原形畢露。這是因爲，只有一個人對自己卓越的優點的價值有著由內而發的、堅定的、不容動搖的信心，才會有眞正的驕傲。哪怕他的信心是虛假的，或者這一信心只是來源於表面的空泛的優點，但對於他的驕傲來說，這信心是非常重要的，如果這信心眞正存在的話。

由於驕傲以信心爲基礎，所以與所有知識一樣，驕傲並不存在於我們的主觀隨意之中。虛榮是驕傲最大的敵人——即最大的障礙。虛榮就是努力獲得他人的讚揚，並且以此爲基礎確立良好的自我評價，但驕傲的條件卻是已經擁有堅定的良好自我評價。

人們通常會詆毀和抨擊驕傲，我猜想這些發出詆毀和抨擊的人大多是自己沒有什麼可驕傲的人。任何人在面對大多數傲慢、無恥的人時，一定要把自己的優點銘記在心，不管是哪方面的優點。這是因爲，如果一個人在與別人交往時，謙虛地隱藏自己的優點，對自己和他人一視同仁，那麼別人也就會光明正大地認定他就是這樣。

我要特別向那些擁有最高級好處的人強調這一點，即那些擁有眞正的個人的好處的人，因爲這種好處不能像勛章和頭銜那樣通過時刻刺激感官而使別人記住。不然的話，就會出現「蠢豬反過來教育智慧女神」的情況。有一句偉大的阿拉伯諺語：「和奴隸開玩笑，奴隸就會不尊重你。」而且不要忘記賀拉斯所說的：「你要迫使自己接受應有的驕傲。」

蠢笨的人最智慧的發明就是這句話——謙虛是一種美德；因爲按照這種觀點，每個人都要把自己表現成傻瓜，從而很巧妙地使所有人都降低到了同一個水平。這樣一來，好像世界上只有傻瓜，而沒有其他人了。

民族自豪感是最廉價的驕傲。具有民族自豪感的人顯示出這樣的事實：他缺少個人的、值得驕傲的素質。假如並非如此的話，他也不會因爲那些上百萬人共同擁有的東西而驕傲了。那些具有突出的個人素質的人能夠更清楚地認識到自己民族的缺點，因爲每時每刻都能看到這些缺點。但是，如果一個可憐的傻瓜在世界上找不到任何能夠引以爲傲的東西，那麼他就只剩下最後一招：爲自己所屬的民族而自豪。他從這一點得到了安慰，所以他對此充滿感激，時刻準備著用自己的「牙齒和指甲」捍衛自己民族的所有缺點和愚蠢。

德國人沒有民族自豪感，這可以證明他們那值得稱讚的誠實。然而，那些十分可笑地裝作爲德國民族而驕傲的人卻是虛僞的——這類人主要包括「德意志兄弟」和民主黨派。他們對德國人民阿諛奉承，從而使他們誤入歧途。他們甚至聲稱火藥是德國人發明的；我對此觀點持反對意見。利希滕貝格[21]曾經發出這樣的疑問：「爲什麼很少有人假裝是德國人？爲什麼如果一個人想

[21] 利希滕貝格（1742—1799）：德國物理學家，諷刺作家。

抬高身價，通常會選擇假裝法國人或英國人？」再說，一個人所擁有的獨特個性要比民族性優越得多，這種個人身上表現出來的獨特個性應該受到千倍於國民性的重視。由於國民性是關係到大多數人的，所以坦白來講，它並沒有什麼東西值得讚揚。

在任何國家都能在人們身上看到狹隘、卑劣和不正常，這就是所謂的國民性。當人們開始厭惡一個民族的國民性時，就開始稱讚另一個民族的國民性，直到也感到厭惡為止。每個民族都嘲笑其他民族，他們的嘲笑都有道理。

此章中探討的問題——我們在世界上也就是在他人眼中的表象——如上所述，包括榮譽、地位和名聲。

第一部分・地位

普羅大衆和菲利斯坦人十分看重地位和頭銜；這兩項在國家機器的運轉中有著至關重要的作用。但是對於提升我們的幸福來說，只用幾句話就能把它們說完。地位所擁有的是世俗的，亦即虛假的價值；它所起到的作用就是得到他人虛僞的尊敬，這根本就是爲普羅大衆而演出的鬧劇。勛章就是一張能夠支取他人看法的匯票；簽發匯票的人的信譽決定了它的價值。頒發勛章可以代替金錢獎勵，從而爲國家節省財政開支，此外這種安排還是十分實用、妥當的——前提是能夠公正、有選擇地頒發勛章。

普羅大衆只長了眼睛和耳朵，此外沒有別的東西。他們特別缺少判斷力和記憶力。對於許多人們做出的成績和貢獻，他們完全不能理解，一部分成績和貢獻可能當時他們能夠理解並且爲之喝采，但不久之後，他們就會忘記。

我認爲以下這種做法非常合適：通過十字勛章或者星形勛章時刻向人們呼喊「佩戴勛章的人和你們不同，他們做出了成績和貢獻！」但是由於勛章頒發得過多，並且缺少思考，勛章的價值就降低了。所以，應該十分謹愼地頒發勛章，就像商人在匯票上簽字一樣。而十字勛章上刻的「Pour le mérite」㉒是一句多餘的話——因爲毋庸置疑，每個勛章都理應是對功績的獎勵。

第二部分・榮譽

對榮譽的討論要比對地位、頭銜的討論更爲複雜和困難。我們要先給榮譽下一個定義。如果

㉒「Pour le mérite」：法語，意味「獎勵功績」。

我給出這樣的定義：外在的良心就是榮譽，而內在的榮譽就是良心。這個說法可能會得到很多人的贊同。但是這種解釋過於華而不實，不夠清晰透徹。所以，我認爲，從客觀方面來講，榮譽就是他人對我們的價值的評價；從主觀方面來講，榮譽就是我們對他人評價的忌憚。因爲榮譽擁有這一主觀特性，所以榮譽通常會對注重榮譽的人產生好的影響，當然絕不是純道德方面的影響。

任何一個沒有徹底墮落的人，都會有榮譽感和恥辱感，都會珍惜前者。榮譽感和恥辱感是這樣產生的：單獨的人就像被拋棄在荒島上的魯賓遜一樣，能做的事情很少。而當他和其他人一起組成集體時，他才能有所作爲。

只有當一個人的意識發展了，才能意識到這一情況。這樣一來，他就會產生被他人視爲人類社會中的有用之人的願望，希望被看作一個能夠實踐自己的男人角色的人，並因此獲得分享社會帶來的好處的資格。

想要實現這一願望，他首先要做的就是做好每個人都要做的事；然後，再完成人們要求和期待他所處的位置所能做好的事。不過，他很快就會發現問題的關鍵其實並不是他自己的看法，而是他人是否認爲他是個有用之人。由此，他就產生了獲得他人對自己良好看法的熱切願望，和他對他人看法的重視。

這兩樣東西都來自於人的這種內在感覺——人們所說的「榮譽感」或者「恥辱感」，取決於不同情況。如果一個人認識到很快就要失去別人的良好評價，那麼就算他確定自己是無辜的，或者他的過錯並不大，但他還是會羞紅臉，這就是榮譽感或恥辱感導致的。反過來說，確定得到了他人的良好評價最能增強人生活的勇氣，因爲他人的良好評價對他承諾：人們會團結起來保護和幫助他，這種力量要比他個人的力量強大得多，他能夠憑藉這種力量來與生活中的艱難困苦做鬥爭。

人與人之間有著各種各樣的關係，在這種關係網中人必須得到他人的信任，也就是他人對自己的良好評價。各種各樣的榮譽就由此產生。人與人的關係首先是你與我的關係，然後是履行承諾的關係，最後是男女兩性之間的關係。與之相對的就是公民榮譽、公職榮譽、男性和女性的榮譽。每一類榮譽又可以繼續進行更詳細的分類。

·公民榮譽

公民榮譽所涵蓋的範圍是最廣的，它的前提條件是：每個人的權利都得到無條件的尊重，所以，不能使用非法或不公平的手段爲自己謀取利益。這是人們和平相處的條件。如果我們的行爲嚴重違反了前面所說的這一前提，並且因此受到懲罰——當然，必須是公正的懲罰——我們就失去了公民榮譽。說到底，榮譽來源於對這一點的確信：一個人的道德性格是固定不變的。因此，哪怕一次的惡行就能夠確定地表示：如果再出現相同的情況，此人之後的行爲都會具有相同的道德性質。英語中的character（性格）一詞可以證明這一點。character也有榮譽、名聲之意。所以，榮譽一旦失去就無法恢復，除非是由於誤會導致的，比如他人的誹謗或者假象造成的誤判。正因爲如此，才設立了針對誣衊、侮辱、誹謗的法律，因爲謾罵侮辱並沒有任何依據，只是輕率的不負責任的誣衊。

希臘人所說的「謾罵就是輕率的誹謗」正表達了這一含義——亦即，謾罵的內容都是空穴來風。當然，謾罵別人的人就說明自己拿不出他謾罵的對象的眞實的過失；不然的話，他肯定會事先說明這些情況，然後自信滿滿地讓他的聽衆去下結論。但他卻沒有這樣做，他只給出結論，卻沒有提供前提。他只能找藉口說這樣做更加簡便。確實，公民榮譽中的「公民」指的是「中產階級」，但是對於社會中的任何階層，包括最高階層，這種榮譽都是同樣適用的。公民榮譽是非常嚴肅的，因此每個人都不能輕率地對待。無論一個人是誰，無論他從事什麼工作，一旦他破壞了誠信，誠信就永遠離開了他，他必然會自食其果。

某種層面上來講，榮譽與聲望的區別在於，榮譽帶有否定意義，而聲望則具有肯定意義。因爲，榮譽並不能說明他人認爲某個人具有爲他所獨有的特別的品質；榮譽只意味著：某人並不缺少每個人按道理都應該具有的品質。所以，榮譽只能說明這個人不是特例。但聲望卻說明這個人是一個特例。聲望需要爭取才能得到，而榮譽只需要保持就可以。據此而言，沒有聲望的人就是默默無聞的，這具有否定性；而沒有榮譽則是一種恥辱，具有肯定性。但是我們不能把榮譽的否定性和被動性搞混。反而，榮譽具有主動性；它完全來自人的主體，它所依據的是主體的行爲，而非他人的行爲和外在的遭遇，這就是斯多葛派所說的「依賴於我們之事」。眞正的榮譽與騎士榮譽或虛假榮譽之間就是通過這一點來區分的，下文中會對這一點進行闡釋。從外部對榮譽進行攻擊只能通過詆毀侮辱這種手段。應對這種攻擊的唯一方法就是將詆毀內容和進行詆毀的人向大衆公開。

對老年人的尊重是出自這一事實：雖然年輕人也被假定爲預先擁有榮譽，但是這種榮譽是沒有在實踐中得到考驗的；所以年輕人的榮譽相當於信用貸款。而老年人已經在一生中通過自己的行爲證明了自己的榮譽。僅憑年齡和經驗這兩點是不足以要求年輕人尊敬老年人的，因爲動物也能夠有很大年齡，甚至有的動物的壽命遠超人類；而經驗也只是更深入地瞭解事物的發展而已。然而，在世界所有地方，人們都要求年輕人尊重老年人。年紀大導致的衰弱要求的是人們照顧和體貼老人，而不是尊敬老人。但是應該注意到，人們對於白頭髮會有一種天生的、本能的尊敬。人衰老的更加明確的表現是皺紋，然而人們並不會對皺紋產生敬意。人們不會說皺紋令人肅然起敬，只會說白髮令人肅然起敬。

榮譽只有間接的價値，原因正如本章開篇所說過的那樣，只有當他人對我們的看法之於他人對我們的行爲有著決定性影響的時候——或者只是有時如此——他人的看法才有價值。然而，只要我們和其他人一起生活，他人對我們的行爲就會受到他人對我們的看法的影響。在文明國家中，我們的財富和安全都要仰仗社會，不論我們做什麼都需要他人的幫助；別人也只有在信任我們之後才會和我們交往。因此，他人對我們的看法雖然只有間接的而非直接的價值，但這價值卻比較高。

我不認爲他人的看法有任何直接的價值。西塞羅的說法與我的觀點相同，他說：「克里斯波斯和第歐根尼這樣談論好名聲：美名有其實用價值，但除此之外，不值得我們花費一點精力去追求。我對此完全同意。」此外，愛爾維修㉓也在他的巨著《論精神》中詳細地闡述了這一眞理，他認爲：「我們熱衷於他人的尊敬的原因並不是這尊敬本身，而是這尊敬給我們帶來的益處。」既然手段並沒有目的的重要，那麼這句被人們過分宣揚的格言「榮譽要重於生命」，實際上就如上所述，是名不副實的。

·公職榮譽

㉓愛爾維修（1715—1771）：法國啓蒙思想家，哲學家。

公職榮譽就是人們通常認爲：政府的公職人員確實具備所需素質，不論什麼情況之下都能嚴格地履行公務職責。一個人在國家事務中的作用越重要，也就是說職位越高，影響越大，民衆就越要求他具有與其職位相匹配的才智水平和道德素養。因此，官員所具有的榮譽級別更高，他的頭銜和勛章，以及別人表現出的對他的尊敬都能體現出他的這種榮譽。

按照這一標準，一個人擁有怎樣的社會地位就決定了他擁有相應級別的榮譽，雖然民衆缺乏判斷社會地位的重要性的能力。正因如此，在顯示榮譽方面地位的作用被低估了。然而，人們總是給予那些承擔和履行非一般職責的人以更高的榮譽，而不是給予普通市民。後者的榮譽的基礎主要是那些構成榮譽的否定性質。

公職榮譽還對擔任公職的人提出了更進一步的要求，那就是要尊重他所擔任的職位。這是因爲要考慮他的同事和繼任者。爲了達到這一要求，他必須一絲不苟地履行自己的職責。此外，他不能放任那些針對其個人或其職務的攻擊；也就是說，對於那些說他沒有嚴格履行職責或其職務對大衆福祉毫無益處等言論，他不能聽之任之。反之，他一定要運用法律對這些攻擊進行有力的反駁。

此外，以下幾種人也擁有公職榮譽：爲國家服務的人、醫生、公立學校的教師和畢業生，也就是說包括所有被官方認定具備從事某類精神思想方面的工作資格，同時自己也心甘情願投身於此的人。總而言之，所有那些爲公衆利益服務的人都擁有公職榮譽。眞正的軍人榮譽也應包含在內，這是因爲：每個自願保家衛國的人實際上都擁有勇氣、力量、堅韌等必備素質；而且，他發誓要以生命保衛國家，這世界上沒有任何事物能夠使他背棄自己曾宣誓效忠的旗幟。我在這裡採用的公職榮譽的含義要比普通意義上的更爲廣泛；公職榮譽的普通含義只是公民對一般公職的尊敬。

・性別榮譽

我認爲，我們應該更詳細地討論男女兩性的性別榮譽，並且對其原則進行深入的探究。這也可以證明：各種榮譽根本上都是出於實用利益的考慮。在本質上來講，性別榮譽又分爲男性榮譽和女性榮譽；而且，從男女各方角度來看，這種榮譽又可以理解爲「團隊精神」。然而，女性榮譽要比男性榮譽重要得多，因爲對於女性來說她們與異性之間的關係十分重要。所以，女性榮譽就是人們認爲：未婚女子還沒有把自己獻給任何男性；而成爲妻子之後，她只能把自己獻給丈夫。人們之所以有這樣的認識，是因爲以下這個道理：女性所需要和渴求的一切東西都希望從男性那裡獲得。而男性從女性那裡主要並直接獲得的只有一樣東西。所以，男女雙方必須這樣安排：男方如果要從女方那裡獲取他所需的那樣東西，就必須負擔起女方的所有需要，包括兩者結合生出的子女。女性的一切幸福都依賴於這種安排。爲了保證這一安排能夠落實，女性就必須團結在一起，體現「團隊精神」。

這樣一來，女性就成了一個緊密團結在一起的整體，來對抗她們共同的敵人——男性，這是由於藉助於天生的較爲優越的身體和思想素質，世界上所有好處都被男性占據了。女性只有通過征服、俘虜、占有男性，才能夠享有這些好處。爲了達到這一目的，女性榮譽就要遵循這樣一條訓誡：絕不能在婚姻關係以外與男性發生性行爲。唯有這麼做才能迫使男性與她們結婚——這是男性的投降；女性想要得到保障就必須這麼做。想要完美地實現這一目的，女性就必須嚴格遵守上述訓誡。

因此，全體女性都密切關注其他女性成員是否嚴格遵守這條訓誡，體現出一種眞正的團隊精神。所以，每個進行了婚姻關係以外的性行爲的女性由於背叛了集體，而受到所有同性的排擠和驅逐，而且獲得了恥辱的印記；這是因爲如果這種行爲成爲普遍現象，那麼女性的幸福就會被損害。這個女人從此喪失了榮譽，沒有任何其他女人會跟她交往，人們都像躲避一個散發臭味的人一樣躲著她。如果一個女人與男人通姦，她也會落得同樣的下場。因爲這個女人背棄了與她丈夫簽下的投降合約。由於此類事情的出現，男性有可能會害怕而拒絕簽下這樣的合約。而女性只有依賴於男性簽訂的合約才能得到解救。

此外，由於女人的通姦行爲是對自己承諾的粗暴破壞，而且帶有欺騙性質，所以她所失去的不僅是女性榮譽，還包括公民的榮譽。所以，人們會用帶有一種原諒意味的說法：「一個失足女孩」，但卻不會說「一個失足女人」。第一種情況下，誘姦者如果與女孩子結婚就能還給她清白；但是第二種情況下，就算通姦的女人離婚，那個與她通姦的男人也沒辦法使她重獲清白。在清楚了這一點之後，我們就會明白女性榮譽原則的基礎就是一種有益和必須的集體精神，這種集體精神是通過精心算計、建立在實際利益之上的。從中我們能夠瞭解到，對於女性的存在來說，這種女性榮譽有著至關重要的作用。所以，這種榮譽有著很大的相對價值，但卻並非絕對價值；不是那種超越了生命及其目的，因此也必須用生命去獲取的價值。

所以，盧克利斯和維吉尼斯的那些誇張的、有著悲鬧劇色彩的行爲並不值得我們稱讚。愛彌尼亞·加洛蒂的結局有些令人反感，所以觀衆離場時的心情都不太好。從另一角度來看，拋開女性榮譽，《艾格蒙特》中的克拉森卻令人同情。女性榮譽的原則發展到極致就會像大多數情況一樣，爲了手段而忽略了目的。所以誇大女性榮譽也就是爲其賦予一種絕對價值，但實際上與其他榮譽相比，女性榮譽更具有相對性。實際上，女性榮譽的價值可以說只存在於習俗的常規意義之上。

托馬修斯的《論情婦》一書中可以看到類似的觀點：過去幾乎所有時代、所有國家，直到馬丁·路德的宗教改革以前，納妾都是合法的。小妾由於這一法律而能夠維持自己的榮譽；更不用說古巴比倫的米利泰廟了。當然，在一些國家，特別是天主教國家，婚姻的外在形式是不可能的。在那些國家不存在離婚。我認爲，對於統治者來說，擁有情婦要比與她們締結不匹配的婚姻更符合道德。這是因爲，這不匹配的婚姻所產生的子女，在合法繼承人去世之後，會要求繼承財產。所以，雖然可能性不大，但由於婚姻引起的內戰總有可能發生。而且，這種不匹配的婚姻，亦即排除了所有外在情況而結的婚，本質上來說就是對女人和教士妥協的結果——而我們應該小心謹愼地盡量不要對這兩種人做出讓步。

我們還應進一步地想到：國家中的每個男人都能娶自己心愛的女人爲妻，只有一個人的這種自然權利被剝奪了。這個可憐蟲就是國家的君主。他用來求婚的手是屬於國家的，因爲只能爲了國家的目的而伸出去。再說，他也是一個希望能夠隨心所欲的凡人而已。所以，指責或者禁止君王擁有情婦，是不公正的，狹隘的，也是缺乏感恩的。當然，前提是這個情婦不能以任何形式影響國家的統治者。而這個情婦在遵守女性榮譽方面，則是一個規則之外的人。因爲她將自己給予了一個與她彼此相愛的男人，但這個男人卻永遠無法給她光明正大的婚姻。

通常來講，女性榮譽所導致的許多流血事件——嬰兒被殺、母親自盡——都體現出女性榮譽原則並非完全是天然的。當然，如果一個女孩子違反法律將自己給予了男人，那麼就等於失信於整個女性性別的人，雖然這種信條是一種並沒有經過莊嚴宣誓的不成文規定。通常來講，這個女孩子的行爲會直接損害自己的切身利益，所以，在這件事上與其說她卑劣，不如說她愚蠢。

從女性榮譽引出了男性榮譽。與女性相對立的男性的團隊精神，要求男性在結婚之後，也就是簽訂了有利於對立一方的投降合約之後，要密切注意這一合約的執行情況，避免由於執行得鬆懈、不嚴格導致這一合約失去牢固性。既然男性已經把所有東西都貢獻給了這一契約，他們就會努力保證自己能夠達成這一交易的目的，也就是自己能夠將這個女人獨占。

所以，男性之所以對自己的妻子破壞婚姻的作爲非常憤怒，並且會通過離開她來給她最起碼的懲罰，是由男性榮譽要求的。如果他允許妻子在自己的眼皮子底下做出這種行爲，他就會被男性社會打上恥辱之印。不過，與失去女性榮譽的恥辱相比，這種恥辱並不是很嚴重。反之，這只不過是個小污點罷了，因爲對男性來說，與他擁有的其他主要社會關係相比，與女性的關係的重要性較低。

新時代的兩個偉大的戲劇詩人都各有兩部以男性榮譽爲主題的作品：莎士比亞的《奧賽羅》和《冬天的故事》以及卡爾德隆㉔的《醫生的榮譽》和《祕密的侮辱、祕密的報復》。此外，根

㉔卡爾德隆（1600—1681）：西班牙劇作家。

據男性榮譽的要求，只需要懲罰女人，而不需要懲罰這個女人的姦夫。從中可以證明，男性的團隊精神是男性榮譽的來源。

到這裡，我所討論過的擁有各種形式和原則依據的榮譽是在任何時代、任何民族都適用的，雖然已經證實在個別區域與時間段內，女性榮譽的原則依據有過小規模改變。相較而言，有一種榮譽與上述普遍存在於各地的其他榮譽都完全不同。這種榮譽誕生於中世紀，只存在於基督教的歐洲。現在，只有在社會上層階級及其攀附者們之間，這種榮譽才起作用，這就是騎士榮譽。這種榮譽的原則與我們上述討論過的榮譽的原則完全不同，甚至相反——因爲其他榮譽能夠培養人的榮譽感，而這種榮譽則是讓人們徒守榮譽的空名——因此，我在這裡詳細列舉出騎士榮譽的原則，這些原則是騎士榮譽不成文的規定，也是這種榮譽的反映。

‧騎士榮譽

一、騎士榮譽並不在於他人對我們的價值的看法，而是只在於他人是否將他們的看法說出來。而這種評價是否發自內心，是否有依據都並不重要。所以，就算他人對我們的生活方式有不良看法，任他們如何瞧不起我們，只要他們不說出自己的看法，我們的榮譽就不會受到損害。反之，雖然我們憑藉自己的品格和行爲強使他人十分尊重我們（因爲這並不是他人的主觀隨意能夠決定的），但如果任何人——無論是多麼卑劣、愚蠢的人——表達出他對我們的蔑視，那麼我們的榮譽就受損了；如果我們不用任何行動來補救的話，這種榮譽就會永遠離我們而去。

這種榮譽完全只在於他人是否將他們的看法表達出來，而與他們如何看待我們毫無關係。有充足的證據可以證實我的觀點，那就是人們可以收回自己的誹謗和侮辱性言語；如果有需要，他們還可以爲自己說過的話道歉，這樣一來就像什麼都沒有發生過一樣。而人們是否改變了引起侮辱言語的看法，或者改變看法的原因是什麼——對於這件事來說毫無意義。一旦公佈之前的話語是無效的，那麼一切都恢復了原狀。

所以，騎士榮譽的目的並不是正大光明地獲得他人的尊重，而是用恐嚇威脅來強取。

二、騎士榮譽並不在於一個人的行爲，而在於別人對他的行爲。之前我們探討的各種榮譽的原理，根本上在於我們的言論和行爲，但騎士榮譽卻相反：在於隨便什麼人說了什麼和做了什麼。騎士榮譽被別人的手，或者更確切地說，是被別人的口所掌控。

榮譽在任何時候——只要有人隨時抓住機會——都會消失無蹤，除非被攻擊的人通過以下方式奪回這一榮譽。但使用這種方法卻有可能失去生命、健康、自由、財富和內心的安寧。從此可以得出：就算一個人大公無私、品行高貴、內心純潔、頭腦卓越，但只要隨便什麼人對他進行侮辱，他就隨時可能失去榮譽。雖然這個對他進行侮辱的人只是一個低劣的惡棍，愚蠢的嚼舌根的人，無所事事的無賴，或者賭棍——總之，就是一個根本不配我們搭理和計較的人。但是，他在侮辱別人的時候，卻不一定違反騎士榮譽的原則。

通常來說，正是這種人最喜歡對他人進行中傷。就像塞尼加說過的：「一個人越是卑劣、可笑，就越喜歡中傷他人。」這句話再正確不過了。這類人最容易被上文所述的那類人激怒，因爲這兩類人互相對立並且互相憎恨；此外，那些沒有價值的人看到他人的優勢時就會心懷恨意。所以，歌德曾說——

為何要抱怨你的敵人？
難道他們能和你做朋友？
你的本性，
就在永遠地對他們進行指責。

卑劣的人應該對這種騎士原則心存感激！因爲這一原則使他們和那些優秀的人被拉到了同一水平線。若非如此，他們在任何方面都無法與那些優秀的人相匹敵。如果有人對這些優秀的人進行污衊，也就是給他們強加一些卑劣的品性，那麼這種污衊就成了一個有依據的、眞實的客觀評價，一個擁有確定效力的法令。實際上，除非被侮辱的人立刻用鮮血來消除這種侮辱，否則它就會永遠眞實有效。亦即，如果被侮辱的人對這種侮辱持容忍態度，那麼被侮辱的人（被人們看作「榮譽之士」）就成爲侮辱者（也許是一個最卑劣的人）所說的那樣了。這樣一來，他就會被「榮譽之士」所鄙視，人們像躲避瘟疫一樣躲著他，比如有他出現的所有社交場合人們都會拒絕參加等。

我自信可以清楚地找出這一觀念的來源。從中世紀開始直到15世紀（根據C.G.馮・韋斯特的《德國刑罰、德國歷史文集》），刑事訴訟在進行時，被告的罪責並不是由原告證明的，而是需要自證清白。自證的程序就是在通過他人的擔保進行宣誓。因此他需要擔保人，擔保人必須發誓確保被告不會撒謊。如果被告找不到擔保人，或者擔保人不被原告承認的話，那麼就只能讓上帝來決斷了。通常採取的都是用決鬥方式。因爲這種情況下被告是「帶有恥辱之人」，必須洗刷自己身上的恥辱。我們可以從這裡看到蒙受恥辱的概念以及決鬥程序的來源。

甚至在今天，「榮譽之士」之間還存在這樣的事（除了不用宣誓）。這也就是「榮譽之士」爲什麼會對說謊的中傷十分憤慨，並且進行流血報復的原因。要知道謊言是每時每刻都很常見的事，所以這種反應不得不令人奇怪。然而，這種反應十分普遍且穩固，特別是在英格蘭。實際上，如果一個人用死亡來威脅那些指責自己撒謊的人，就必須保證一輩子都沒有說過謊。所以，中世紀的刑事訴訟的程序更加簡潔，被告只需要對原告說：「你在說謊。」然後就可以讓上帝來決斷了。

記載中有一條騎士榮譽的規矩是這樣的：必須使用武力來應對撒謊的指責。關於言語侮辱，我就談這麼多。但是，還有比這種侮辱嚴重得多的事，因為僅僅想到它就會讓人毛骨悚然，就連提起它也要請所有信奉騎士榮譽的人加以原諒，它是世界上最惡劣的事，比死亡和詛咒還要可怕。那就是一個人抽另一個人嘴巴子，或者對他進行毆打。動手打人是十分可怕的，它會徹底毀掉被打之人的榮譽。用流血可以恢復其他破壞榮譽的行為，但是只有將對方殺死才能徹底恢復被動手打人毀掉的榮譽。

三、騎士榮譽與一個人的自身或道德本性是否會改變等充滿學究氣的問題毫無關係。如果一個人的榮譽被破壞，或者暫時失去了榮譽，只要他立刻通過決鬥這種屢試不爽的方法進行還擊，就能立刻將榮譽完整地恢復。不過，要是冒犯的人並不信奉騎士榮譽，抑或他只是首次破壞他人的榮譽，那麼就可以使用另外一種更加安全穩妥的方式進行還擊。那就是在遭到冒犯的那一刻就擊倒對方——前提是手邊有武器可用，如果必要以後再擊倒對方也無不可，在對方用動手攻擊的方式冒犯他人榮譽的情況下更是如此。

然而，就算對方只用言語冒犯了我們，也是一樣的。榮譽只有通過這種方式的還擊才能得到恢復。但是，如果人們因爲不想招致不好的結果而不選擇這種方式，或者不確定對方是否遵循騎士榮譽法則的話，那麼還有更加巧妙的方式。那就是用更粗魯的方式還擊粗魯的冒犯者；如果言語侮辱已經不起作用的話，就要出手還擊，這是恢復榮譽的最極端的方法。所以，如果被人扇了耳光，就要舉起棍子打回去；如果被人用棍子攻擊，那就只能用打狗鞭作爲回敬；至於對付打狗鞭，有人認爲最絕的方法是向對方臉上啐一口。只有當這些方法都起不到作用時，才迫不得已使用流血的方法。

下面的騎士榮譽的格言，是使用這種解決方案的依據。

四、受到他人的侮辱是一種恥辱，反之，使他人蒙受侮辱則是一種榮譽。假設我的對手本身享有眞理、公正和理性，而我一旦用言語侮辱他，那麼眞理、公正和理性就立刻被我趕跑了，我便擁有了道理和榮譽。同時，對方則失去了榮譽，直到他用槍、劍而不是公正和理性作爲武器進行還擊，才能恢復自己的榮譽。所以，在榮譽方面，粗野無理要比所有個性品質有用得多，越粗野無禮反而越有道理。那麼還要其他品質有什麼用呢？就算一個人十分愚蠢、卑鄙、缺乏教養，但是通過粗野無禮的行爲可以把一切都消除，使一切都變得合法合理。當我們進行討論或者交談時，如果某個人表現出來對談論的話題有更清晰的認識，比我們更追求眞理，有著更優秀的判斷力和理解力；如果他表現出來的卓越的精神智慧遠遠地超過了我們——那麼我們可以通過行動，將他的優勢以及相比之下我們暴露出的劣勢和不足一下子消除。我們甚至可能反過來變得比他優秀——只要我們粗野無理地蠻幹就能夠做到這一點。蠻橫無理要比思想上的交鋒更有力，它使人的精神智力都失效。

因此，如果我們的對手對我們網開一面，不用更加粗魯的方式進行回擊，並且進而展開高尚的決鬥的話，我們就可以獲勝，從而獲得榮譽。眞理、知識、思想、機智和理解力在有著君主般威力的野蠻無理面前，都被打得節節敗退。因此，如果一個人發表了與衆不同的觀點，或者表現出更出色的智力，那麼這些「榮譽之士」就會立刻上馬征戰；如果在針對某一問題進行爭論時無力論辯的話，這些人就會開始使用粗鄙的言語——這種做法可以讓他們取得勝利，而且，使用粗鄙言語也要更容易一些。這麼一來，他們就勝利而歸了。

從此可以發現，人們對這種榮譽原則的稱讚能夠使社會格調更加高尚，他們再正確不過了。此條格言的依據是下文——它是全部榮譽規則的基礎和靈魂。

五、對於信奉騎士榮譽的人來說，判斷爭議雙方哪一方占據公理的時候，所使用的最高裁判庭就是我們的身體力量，亦即動物性。任何粗魯的行爲都是從人的動物性產生的，因爲做出粗魯的行爲就說明精神力量和道德爭議的鬥爭已經解決不了問題了；於是只好用身體力量的交鋒來作爲代替了。

富蘭克林㉕認爲人是「能夠製造工具的動物」，因此，人會使用只有人才能製造的武器來進行身體力量的鬥爭；亦即決鬥。人們通過決鬥可以得到板上釘釘的判決。衆所周知，「榮譽之士」的基本格言可以表示爲Faustrecht「拳頭公理」一詞；與Aberwitz一詞相似，這種表示方法也帶有諷刺意義。因此，騎士榮譽也應該叫作「拳頭的榮譽」。

六、如果說公民榮譽要求人們對待個人與他人的關係時小心謹愼、誠實守信、履行義務；那麼相較而言，我們在這裡探討的騎士榮譽原則，則要求人們在處理上述人際關係時表現出高貴的寬容。唯一不能打破的東西就是以榮譽爲名發表的言論，亦即人們說出「以榮譽擔保」之後做出的承諾。從這一點可以得出以下假設：所有其他承諾都不需要兌現。如果迫不得已，我們甚至可以背棄以榮譽爲名許下的諾言。因爲只要使用決鬥這一屢試不爽的方法，就能使我們的榮譽得到恢復——決鬥的對象就是那些堅稱我們曾以榮譽之名做出承諾的人。

此外，我們唯一必須償還的債務就是賭債，所以賭債又叫作「榮譽債」。而對於其他債務，就算我們像猶太人和基督徒那樣相互欺騙，也不會使我們的騎士榮譽受到絲毫損害。沒有偏見的讀者可以很輕易地看出，這種奇怪、野蠻、滑稽的榮譽規則並不是從人類天性中而來，也並非出

㉕富蘭克林（1706—1790）：美國政治家、科學家。

自對人際關係的健康的理解。

騎士榮譽發揮作用的地域非常有限這一事實可以證明這一點。亦即，它從中世紀才開始流行，並且只限於歐洲。就算在歐洲，也只有在貴族、軍人和他們的效仿者中，騎士榮譽才能起作用。希臘人、羅馬人甚至高度發達的亞細亞民族都對這種榮譽及其原則知之甚少。他們知道的只是我在前文中論述過的那些榮譽。

所以，在這些民族中，人們通過一個人的行爲來決定對他的看法，而不會被隨便一個嚼舌根的人所影響。他們都承認這一點：一個人發出的言論和行爲，只能使他自己的榮譽受損，而不會影響他人的榮譽。對於他們來說，被打了一個耳光就只是一個耳光罷了，還不如被一匹馬或一頭驢踢一腳危險。一個人被別人動手攻擊之後有多憤怒，與當時的情況有關，而且很有可能當下立刻就進行反擊。但這種行爲與榮譽沒有什麼關聯。人們肯定不會準備一個賬本，記下自己受到別人的攻擊或者他人辱罵的言辭，以及已經實施了報復的「滿足」和還沒有進行的報復。這些民族也有著絲毫不亞於歐洲基督徒的英雄氣概和犧牲精神。希臘人和羅馬人可以算作眞正的英雄，但他們卻毫不瞭解「騎士榮譽」。

在他們看來，高貴的人是不會去決鬥的，只有角鬥士、被販賣的奴隸和被判刑的罪犯才會去決鬥——爲了娛樂大衆，他們輪番和野獸進行搏鬥。基督教傳入之後的基督教時代，角鬥活動被禁止了，代替這種活動的是人與人之間的決鬥，決鬥的結果就被認定爲上帝的旨意。如果說角鬥表演是爲了娛樂大衆而做出的殘忍犧牲，那後一種角鬥就是大衆的荒謬觀點導致的殘忍犧牲；但是後一種情況中犧牲的並不是罪犯、奴隸和囚徒，而是貴族和自由民。

很多流傳下來的證據表明，古人完全沒有與騎士榮譽有關的錯誤觀點。比如，一個條頓族首領向馬略㉖下達要求決鬥的戰書，但這位英雄卻給他帶話說：「如果他（指這位首領）對生活感到厭煩，可以自縊結束生命。」當然，馬略主動爲這個首領提供了一個退役的角鬥士，以便讓他和角鬥士進行搏鬥。

普魯塔克㉗在書中寫道，艦隊統帥歐里比亞德斯和德謨斯托克利斯發生爭執時舉著棍子要打對方，但是後者並沒有拔劍出來反抗，而是說：「你可以打我，但要讓我說完話。」雅典的士兵團並沒有因此而宣佈拒絕爲德謨斯托克利斯效忠。信奉騎士榮譽的人讀到這些會多麼氣憤啊！所以，一位當代法國作家說得對：「對於認爲德謨斯芬尼是信奉騎士榮譽的人這一說法，只能報以同情的笑容；同樣，西塞羅也並不信奉這種榮譽。」（C・杜郎，《文學之夜》1828，卷二）此

㉖ 馬略（前159—前86）：古羅馬政治家，統帥。

㉗ 普魯塔克（約46—約120）：古希臘傳記作家。

外，柏拉圖的書中對虐待的論述清晰地表明，對於這類事情，古人並沒有騎士榮譽的概念。

蘇格拉底由於喜歡跟人爭論所以常常被他人粗魯相待，但他卻毫不在意。有一次，有人踢了蘇格拉底一腳，他卻默默忍受了，別人都感到吃驚，他解釋說：「如果我被驢子踢了一腳，難道我也要生氣並且報復它嗎？」（狄奧根尼斯）另外一次，有人問蘇格拉底：「那個人難道沒有羞辱你嗎？」他答道：「沒有，因爲他說的人並不是我。」

斯托拜阿斯在《穆索尼斯》中寫下了這樣一大段文字，我們可以從中瞭解到古人對受到他人侮辱的看法。他們只知道通過法律來解決，並不知道還有其他解決辦法，聰明的人對使用這種解決方法甚至不屑一顧。如果古人臉上挨了別人一巴掌，只會通過法律途徑維護自己的權益——柏拉圖的《高爾吉亞篇》中可以找到證明。這一篇中還有蘇格拉底關於這一點的見解。

《吉里斯的報導》中也能看到類似的事實：有一個名叫盧西斯・維拉圖斯的人，在並沒有受到挑釁時竟敢給了每個他碰到的羅馬市民一個耳光。後來，爲了避免事態擴大，他派一個奴隸拿著一袋金幣走在前面，付給那些感到驚詫的人每人二十五阿斯的賠償金。著名的犬儒學派大師克拉特斯就曾經被音樂家尼克德洛姆斯打過一個耳光，以致於整張臉都被打得紅腫了。克拉特斯就在額頭上貼上一張字條，上面寫著「這是尼克德洛姆斯幹的好事」，以此來羞辱這位笛子演奏家，因爲他竟膽敢粗野地對待這位受到整個雅典人神明般崇敬的人。在錫諾普的第歐根尼寫給梅里斯玻斯的一封信中，他說自己挨了一群喝醉的雅典青年的一頓鞭子，不過他並不太在乎。

塞尼加在其著作《永恆的智慧》的第十章到結尾，詳細論述了怎樣應對他人侮辱的問題。他認爲一個智慧的人不值得爲這些東西花費精力。第十四章中他這樣寫道：「一個智慧的人受到攻擊後要如何應對？卡圖被人打了一個耳光之後，沒有生氣，沒有報復，也沒有表示原諒。他只說自己並沒有被人打過。」

你們會說：「可是這些人是智慧之人啊！」——這麼說你們是愚蠢之人嗎？

確實是這樣。從此可以得出，古人完全不懂得什麼騎士榮譽原則。原因是在各個方面，古人都遵循自然，他們對待任何事情都沒有偏見。對於這些醜陋、不祥、無可救藥的東西，他們不會輕易相信。被人打了一個耳光對他們來說就只是一個耳光而已，會對身體造成很小的損害，他們不會認爲它是除此之外的什麼東西。但是，當代人卻認爲被別人打了一巴掌是天大的災禍，嚴重到可以作爲悲劇的主題，高乃依的《熙德》就是一個例子。

最近還有一部展現市民生活的德國悲劇《環境的力量》，但其實《謬見的力量》這個名字才更合適。如果一個人在巴黎國民議會廳中被打了一巴掌，那麼這件事就會傳遍整個歐洲。那些騎士榮譽的信奉者督導我引用的那些過去的經典事例時，一定會感到氣憤不已。

針對這種情況，我建議這些人去讀一下狄德羅的著名作品《命運主義者雅克》中德格朗先生的故事。這本書是描寫嚴格遵守現代騎士榮譽相關內容的傑出作品。這本書一定會受到他們的喜愛，並給他們以啓發。

綜上所述，我們可以看清楚這一點：騎士榮譽的原則缺乏獨特見解，也並非以人性爲基礎，只是人爲創立的。它產生的根源很容易就能找到，它是特定時代的產物。那是一個用拳頭多於頭腦的時代，是一個理性被教士禁錮起來的時代。因此可以說，它產生於被歌頌的中世紀以及當時的騎士制度。在那個時代，上帝不僅要負責關愛眾人，還要爲他們做出判決。所以，難以解決的法律案件就通過仲裁法庭，或者上帝的決斷來解決。這種情況差不多最後都變成了決鬥。並非只有騎士之間才會進行決鬥，市民也會決鬥。

莎士比亞的《亨利六世》（第二部第二幕第二景）中的例子就十分合適。就算法律進行了審判之後還可以上訴要求進行決鬥——這是由上帝來審判的更高級的法庭。從而理性的法官位置就被身體的靈活性和力量，亦即動物本性所取代。這種判決的做出根據的不是一個人的行爲，而是他運氣導致的結果——這符合如今仍在起作用的騎士榮譽原則。如果有人質疑決鬥的這種根源，那麼可以去讀讀J・G・梅林根所寫的出色的《決鬥的歷史》（1849）。

實際上，時至今日在那些信奉這種榮譽原則的人中——通常是一些受教育水平較低、缺乏深思熟慮的人——的確還有一部分人認爲決鬥的結果就是上帝對他們的爭端進行的判決。毫無疑問，這種觀點是從傳統中延續下來的。

騎士榮譽便來源於此。另外，它有著使用身體力量威脅強迫他人在表面上顯示尊重的傾向；人們認爲眞的去努力贏得他人的最終是費力不討好的事。那些信奉騎士榮譽的人就好像用手捏住溫度計上的水銀球，以爲水銀柱上升就說明房間變暖和了。

通過深入考察就會明白這一問題的關鍵在於，公民榮譽的目的是與他人之間建立和睦的社交關係，其內容是他人對我們行爲的評價；因爲我們對他人的權利有著絕對的尊重，所以我們完全値得信賴。但騎士榮譽的根據卻是：他人認爲我們會絕對地、無條件地捍衛我們的權利，所以我們是讓人害怕的。這條原則——讓人害怕比獲得信任更重要——本來並沒有太大問題，因爲如果我們是在自然狀態下生存的話，人人都必須保護和捍衛自己的安全和權利，在這種情況下，人類的正義是不足爲信的。但是，在文明時代，保護我們人身和財產安全的義務落到了國家手中，這樣一來，上述原則就失效了。

就和坐落在別緻的農莊、繁華的公路以及鐵路之間的城堡和瞭望塔一樣，它也成爲拳頭即公理的時代的無用的遺存。嚴格遵守這條原則的騎士榮譽處理的只是人們那些不嚴重的越軌行爲——國家只對這些行爲的處罰較輕，或者根據「不重要的事情法律不管」這一原則，乾脆不予理會。因爲這些侮辱都無傷大雅，或者根本是開玩笑而已。但是騎士榮譽卻將這些事情看得非常重要，人的價值被誇大到了與人的本性、構造和命運都不相符的程度，被提高到了神聖不可侵犯的地位。

於是，人們會認爲國家對那些輕微越軌行爲的懲罰是不夠的；被冒犯的人就要自己對冒犯者進行懲罰，並且以對方的身體性命爲目標。顯然，這一情況的根源在於人的極度自大和使人厭惡的盛氣凌人——完全忘記了人的本質。騎士榮譽要求人們一點錯誤都不能犯，同時也一點傷害都不能接受。如果有人要用武力踐行這一觀點，並且宣稱：「但凡侮辱或者打我的人必須死。」那他倒是應該遭到國家驅逐。

各種各樣的藉口都被用來美化這種妄自尊大。如果兩個不畏懼死亡的人狹路相逢，那麼就會從輕輕地推搡發展到互相謾罵，接著拳腳相加，最後以其中一方受到致命襲擊爲止。實際上，還不如略過中間環節，直接動用武器更能保存面子。具體而微的程序演變成了一套僵硬、死板的規章制度，這是世人用嚴肅、認眞的態度演出的鬧劇，是崇拜愚昧的表現。

然而，騎士榮譽的根本原則卻是不正確的。兩個同樣不懼怕任何事情的人在面對其他並不重要的事情時，其中更聰明的那個人會進行讓步，同意保留相互之間的分歧。這一點可以從那些不信奉騎士榮譽原則的普通人，或許其他各個階層的人的所作所爲中得到印證。他們會自然而然地解決爭執和摩擦。與可能只占社會總人口四分之一的嚴守騎士榮譽原則的階層相比，在上述這些人中發生致命攻擊的概率要少一百倍，甚至很少發生打架。

可能有人會說：優良的禮儀和行爲習慣本質上是以騎士榮譽的原則及其引出的決鬥爲基礎的，因爲這是用來抵擋人們野蠻行徑和惡劣舉動的有力武器。然而，在雅典、哥林斯、羅馬都有著很好的甚至是出色的社交環境，以及得體的行爲舉止和優雅的禮儀風度，而這些都與騎士榮譽這一鬼怪毫無瓜葛。

當然，古代的社交場合中，女人並沒有重要地位，就像我們現在一樣。現在的情形使人們的談話中輕浮、幼稚的成分增多，而較爲嚴肅、有分量的話題卻減少了；這在很大程度上導致我們的上流社會把個人勇氣看得比其他品質更重。然而，個人勇氣只是行伍軍人的品質，實質上是次一級的。甚至連動物在個人勇氣方面都要比我們強，比如人們說「像獅子一樣勇敢」。

與前面這種情況相反，騎士榮譽的原則爲大事上的欺騙和卑鄙行爲，以及小事上的粗魯、無禮和草率的行爲提供了保護。原因在於，由於人們不願意冒著生命危險對他人進行批評，所以對那些野蠻行徑不得不默默忍受。這一事實可以說明這一點：如果一個國家在政治和經濟方面缺乏信譽的話，那麼這個國家中的決鬥在血腥和殘酷程度上就會登峰造極。如果想瞭解這個國家民衆之間的私下交往情況，可以問一問那些有切身經驗的人。而確定無疑的是，這個國家缺乏禮貌和社交修養。

任何為騎士榮譽所找的藉口都是不可靠的。但是，這種說法：就像一條狗受到另一條狗的吠叫時，便會回以吠叫，但是被人撫摸時，就會表現出親熱一樣；人的本性就是在感受到敵意時用敵意加以回應，在受到他人的蔑視和憎恨時，內心感到難過和氣憤——那麼，這種說法還算不無道理。

所以，西塞羅說：「就算謙遜、善良的人也難以承受侮辱和惡意相待留下的痛苦。」不管在世界上的什麼地方（除了某些教派的信奉者），人們都不會對他人的侮辱和拳腳聽之任之。就算這樣，人的天性決定了，我們做出的報復是與我們受到的冒犯相對應的，而不會太過激；更不會把那些誣衊我們撒謊、愚蠢和怯懦的人置於死地。

古老的德國格言「以匕首回應耳光」是令人厭惡的騎士觀點的表現。我們之所以會對侮辱進行報復或懲罰是因為我們感到憤怒，而非騎士榮譽所認為的那樣，它影響到了我們的榮譽和道義。反之，這一點是肯定的：那些指責我們的言論能造成多大程度的傷害，取決於這些言論在多大程度上命中目標。

以下事實可以證明這一點：如果對方說到了我們的痛處，就算是最輕微的暗示，它所帶來的傷害都要比雖然嚴重，但缺乏事實依據的誣衊要更大。因此，只要一個人知道他人對自己的指責根本毫無根據，那麼他就會充滿自信地忽視這一指責，他也應該這樣做。但根據騎士榮譽的原則，我們卻要把那些我們不應該承受的指責也承擔下來，雖然這個指責對自己造不成任何傷害，但還是要進行血腥的報復。如果一個人對每一句冒犯自己的話都急於壓制，害怕被別人聽到，那麼這個人的自我評價一定不太高。所以，在面對誹謗和侮辱時，一個眞正有自尊的人會泰然處之；就算做不到這樣，他也會用自己的智慧和修養來壓制怒氣從而保全臉面。

讓我們先摒除騎士原則的固有觀點，也就是不再誤以爲對他人進行侮辱就能破壞對方的榮譽或者恢復自己的榮譽；同時，也不再用報復來發洩內心的憤怒，亦即用暴力反擊自己受到的各種不公正的待遇和野蠻行徑——因爲這種反擊會使此類行爲變得合法——如果眞能如此，那麼以下觀念很快就會被普羅大衆接受：在受到言語侮辱的情況下，弱勢的一方就是優勝的一方。

正如文聖佐・蒙蒂[28]所說：侮辱和詆毀的言語就像教堂的隊列一樣，總要回到它的出發點。這樣一來，人們就不需要和現在一樣必須對侮辱以牙還牙才能使自己保持正確了。這樣一來，我們才能在交談中運用思想和理解，而不是像現在這樣首先要考慮我們的話有沒有惹到那些狹隘、愚蠢的人。

實際上，深刻理解力的存在本身就會使狹隘、愚蠢的人慌張不安，並且會導致有思想、有智

[28] 文聖佐・蒙蒂（1754—1828）：意大利新古典派詩人。

慧的人與膚淺、狹隘、愚蠢的人之間發生一場全憑運氣的搏鬥。這樣一來，人們在聚會時精神力量才能夠重新占據它應得的優勢。然而，現在優勢卻屬於那些頭腦簡單、四肢發達，有勇無謀的人，雖然人們並不清楚這一事實。

這樣一來，傑出的人就不會因此而逃避社交活動了。這樣的變化使眞正的良好風氣和出色的社交聚會成爲可能。毋庸置疑，雅典、哥林斯和羅馬就有過這樣的聚會。色諾芬㉙的《會飲篇》可以爲這一點提供證據。

但是，對騎士榮譽的辯護還有最後一個：「上帝啊，如果眞是這樣的話，豈不是每個人都不能隨意對別人動手了？」——我簡單地回答一下：占社會總人數百分之九十九的並不信奉騎士榮譽的人中會發生這種情況，但卻不會有任何一個人因此而喪命。然而，在遵循騎士榮譽原則的人中，通常一次出手攻擊都會導致生命危險。

對於這一問題我還要深入地討論。爲瞭解釋認爲被別人打一個耳光是極其可怕的這一觀點，這一觀點是人類社會中一部分人所深信不疑的，我曾嘗試在人類的動物性或者理性中尋找一些紮實可靠的，或起碼說得過去的理由，一些能夠被提煉爲清晰的概念的理由，而不僅僅是花哨的語

㉙ 色諾芬（約前430—約前355或354）：古希臘歷史學家，作家。

言。但是我卻失敗了。打人一個耳光只不過是，而且永遠都是人與人之間的肉體傷害，它能說明動手的一方有著更強健的體魄或者更靈敏的動作，抑或被打的人當時疏忽大意了；此外，並不能表示任何其他東西。對打人耳光這種行爲分析不出更多內容了。

那些認爲被人打一個巴掌是再悲慘不過的騎士，其實遭到過他的馬比這記耳光厲害十倍的踢踹。但是，就算他被踢得疼痛不堪，也會強忍著告訴別人沒什麼事。那麼，我想原因就在於人的手了。然而，騎士在戰鬥中被人手中拿著的劍和刀擊打，他卻也宣稱這沒有什麼，無須掛齒。我們又聽說，被別人用棍子打要比被人用馬刀的刃面拍打還要嚴重得多。所以，最近軍校的學生寧願接受馬刀拍打的懲罰也不願意接受棍打。如今，被馬刀的刃面拍打從而獲得騎士稱號已經成爲一項殊榮。通過對騎士榮譽的心理和道德來源的思考，我得出了以下結論：騎士榮譽的原則只不過是來源已久、難以撼動的錯誤見解罷了，是人類輕信特質的一個證明。

此外，我的觀點還可以從以下這一衆所周知的事實得到證明：在中國，最常用的懲罰手段是用竹杖抽打，不論懲罰的對像是普通公民還是各級官員。這說明，在中國，類似於騎士榮譽的東西並沒有受到人性的認同，要知道這種任性是可以經過高度文明教化的。只要公正地瞭解一下人類的本性，就會明白人們之間互相打鬥是再正常不過的事，就像野獸之間互相撕咬以及長角動物用角來互相衝撞一樣；人只不過是會使用鞭子打鬥的動物而已。

所以，偶然發生的一個人用嘴咬了別人的事情會使我們吃驚，而相較之下，拳腳相加的打鬥則是最最自然的事。顯然，我們可以通過提高自我修養，進行自我克制的方法來避免打鬥行爲的發生。但是，只要一個國家或者僅僅某一階層的人認爲：被別人打了一個耳光就是非常悲慘的事，那麼必然會導致相互之間發生置人於死地的打鬥。這種事情是悲慘而喪失人性的。世界上已經有許多眞實的災禍了，不需要再增加那些虛假的災禍了，因爲這會招致眞正的災禍。但那些愚蠢而陰險的迷信㉚正在使這種情況發生。

鑒於這種情況，我們對政府和立法機關爲這種行爲掃清道路的做法表示抗議——他們積極制定規則，禁止民間和軍隊進行體罰。他們以爲這樣做對大衆有益，然而卻事與願違。這樣做只會使那反人性的、無藥可救的愚昧更加嚴重。因爲這愚昧人們已經犧牲了太多。最嚴重的罪行之外的一般違法行爲，人們最先想到的懲罰就是痛打一頓罪犯。所以，這種處罰是符合自然的。如果一個人不接受理智的話，就不得不接受棍棒。要是一個人沒有錢可以用來交罰金，而且剝奪他的自由也沒有什麼好處——因爲人們需要他進行工作——那麼對他進行一定程度的體罰就是非常明智而合理的。

㉚ 即指騎士榮譽。

除了「人的尊嚴和價值」之類的說法之外，我們沒有理由對此加以反對。但是這種說法的基礎並非清晰的概念，而是前文中所說的那種有害的錯誤見解——這是問題的根源所在。以下這個滑稽的例子可以證明這一點：近期，許多國家的軍隊中都用睡板條床取代了鞭子抽打作為懲罰，雖然兩者都會帶來身體上的痛苦，但人們認為前者不會使受懲罰者的榮譽和人格受到損害。

人們對這種錯誤觀點的鼓勵，助長了騎士榮譽的氣焰，並且促進了決鬥行為的發生。同時，人們又嘗試用法律來制止決鬥，或者看起來是這樣。於是就產生了這樣的結果：拳頭即正義的觀念從最野蠻的中世紀遺存到了19世紀。這真可謂是社會公衆的恥辱。現在是時候對它進行一番羞辱然後摒棄了。如今鬥狗已經被禁止（最起碼此類娛樂在英國會受到處罰），但人們違背意志相互鬥爭，想要奪取對方的性命。

這一切的罪魁禍首就是荒謬的原則以及那些思想偏激、狹隘的為這一原則進行宣傳、鋪路的擁護者。他們迫使人們因為一些細小的糾紛，就要進行角鬥士一般的搏鬥。所以，我要給德語語言學提一個建議：應該用baiting[31]一詞取代duell[32]。後者的字源可能並不是拉丁語duellam，而是

---

[31] 即決鬥。

[32] 英文，意為「獵殺」。

西班牙語中的duelo，有痛苦、艱難之意。一本正經地進行愚蠢的決鬥行為，不僅僅使人發笑而已。

荒謬的騎士榮譽原則，在一個國家中又建立了一個獨立王國，這個獨立王國唯一承認的就是拳頭即公理；它設立了一個神聖的宗教審判庭，嚴格遵循騎士榮譽的各階層的人屈服在其淫威之下受虐；任何人都可能因爲一些不足掛齒的小事被他人挑釁，而不得不受到生死判決。所有這一切都使人憤怒。當然，惡棍們卻受到了保護和遮掩——只要他們遵守騎士榮譽原則；那些高貴、出色的人可以任由他們威脅，甚至清除。直到今天，惡棍們出於對警察和法律的忌憚已經不可能在大街上喊叫：「要錢還是要命？」與此相同，我們健康的理智也不應該允許我們的平靜被惡棍打破，允許他們衝著我們大喊：「要榮譽還是要性命？」

上流階層的人應該卸下負擔，不要聽任他人的擺佈，犧牲自己的身體和性命去爲別人的粗野、愚蠢或者惡毒埋單。兩個涉世未深的年輕人之間一言不合就會頭腦發熱，大打出手，付出鮮血、健康，甚至生命的代價。這既讓人恐懼，也讓人羞恥。很多情況下，受辱者被損害的榮譽是無法恢復的，原因在於他們與冒犯者之間的地位相差很大，抑或冒犯者擁有某些特殊的地方，這樣一來他們就只能絕望地自我了結，獲得一個既悲哀又可笑的結局。

由此可以看出，暴虐以及騎士榮譽這一謬見的勢力有多麼強大。一旦事情發展到互相矛盾的極端，那麼也就開始展現出虛假和荒謬了。以下這個明顯的二律背反就是很好的例子：官員不允許參加決鬥，但是如果他拒絕了他人提出的決鬥請求，他又會被解除職務以作爲對他的懲罰。

我要很不客氣地繼續談論這個話題。只要我們公正地、清晰地看待這個問題，我們就會明白，是手持同樣的武器，通過公開公正的搏鬥殺死對方，還是從暗中偷襲而成功——這兩者之間所具有的差別的根源，以及這種差別受到人們重視的根源，實際上都在於以下事實：如上所述，在這個國中之國裡面，強者的權力，也就是拳頭即公理是受到人們承認的，它被認爲這是上帝的判決，並且被當作騎士榮譽原則的基礎。通過公平的鬥爭將敵人殺死，所能證明的只有我們身體強健，或者戰鬥技巧更高超，此外什麼都不能證明。

通過公開的搏鬥將對手殺死就占據了道義，是以這一點爲前提的：強力就是眞正的公理。而實際上，假如我的對手不會如何防衛的話，這並不是我殺死他的正當理由，而只是使我有可能殺死他。與之相反，只有我想要殺死他的動機才是我殺死他在道義上的理由。如果我有十分合理的道義上的理由殺死我的對手，那麼完全不應該由我在射擊或者劍術上的技術是否比對方更強來決定我是否殺死他。反之，不論我採取什麼樣的方式殺死他，是正面攻擊還是背後偷襲，結果都沒有什麼區別。要是想卑鄙地謀殺他人，就應該利用詭計。從道德層面來講，強力即公理並沒有比詭計即公理更有說服力。對於我們現在討論的事情來說，這兩者都是一樣的。

值得注意的是，無論是強力還是詭計在決鬥中都起作用，因爲擊劍中的花招都很陰損。如果我認爲在道義上理應殺死一個人，那麼讓殺死他這件事取決於我們雙方哪一個更擅長射擊或擊劍，是非常愚蠢的；因爲這樣一來，對方很有可能反過來傷害到我，甚至殺死我。

盧梭㉝認爲，對他人的侮辱進行報復不應該採用決鬥的方法，而應該進行暗殺。他在《愛彌兒》第四部中十分神祕的第二十一條註釋中謹愼地暗暗表露了這一觀點。但是，在騎士榮譽的深刻影響之下，他竟然認爲要是有人指責自己說謊，那麼暗殺對方就是完全正當、合理的。但是，盧梭應該明白的是：任何一個人都說過無數次的謊，都理應受到這樣的指責，盧梭本人更加是這樣。

如果一個人使用同樣的武器與對手進行公正公開的搏鬥，那麼殺死對方就是合理合法的——這種謬見遵循的就是強力即公理的看法，這種搏鬥就被認爲是上帝做出的決斷。相較而言，一個憤怒的意大利人一看見自己的仇人，就會毫不猶豫地上前用匕首攻擊對方。最起碼這種行爲是聯貫的、符合自然的；這個人更聰明，但並不比參加決鬥的人更卑劣。

也許有人說：決鬥的時候，我在殺死對手時，他也在試圖殺死我，因此責任並不在我。對於

㉝盧梭（1712—1778）：法國啓蒙思想家、哲學家、教育學家、文學家。

這一點可以這樣反駁，當我在向對方發出挑戰時，就已經迫使對方不得不進行正當防衛了。決鬥者只不過是用故意將對方置於這種境地的方法，爲自己的謀殺行爲尋找一個還算合理的藉口罷了。如果雙方都自願使用決鬥的方法來判定生死，那麼就可以用咎由自取作爲藉口。針對這一點我們可以認定，受害方並非自願，因爲暴虐的騎士榮譽及其荒謬的原則就是殺人的劊子手。它將決鬥雙方，或至少其中的一人置於這充滿鮮血的私自設立的法庭之中。

我對騎士榮譽的論述占了太多篇幅，但我也是出自好心，因爲這個世界上只有哲學才擁有足夠強大的力量去應對道德和智力範疇的龐然大物。新舊社會的區別體現在兩種主要的東西上，並且使新社會處於下風，因爲這兩種東西是新社會中的人擁有了陰沉、嚴厲和不祥的氣質。

古時候的人可沒有這樣的毛病，那個時期就像生命中的清晨一樣，自由自在，無憂無慮。這兩種東西就是騎士榮譽和性病，這「高貴的一對」（賀拉斯語）。生命中的「辯論和愛情」就是被這兩者共同毒害的。性病實際上產生的影響要比看上去更深遠，因爲不僅生理上受到了它的影響，而且道德上也同樣受到了影響。既然丘比特射出的箭中還包括毒箭，那麼男女兩性之間的關係就加入了陌生的、充滿敵意的，甚至魔鬼般的東西。這樣一來，兩性關係就變得陰暗和互不信任。

今天，構成所有人類社會基礎的關係產生了如此這般的變化，其他社會關係多多少少也會受到間接的影響。不過，如果深入討論這個問題的話我們就偏題了。騎士榮譽產生的影響與性病的影響雖然具有不同性質，但也有相似之處。在騎士榮譽的影響之下，社會變得僵化、緊張和嚴肅，因爲人們說話的時候都要事先仔細掂量一番。然而，這還不是全部！騎士榮譽原則是大衆信仰的長著牛的腦袋和人的身體的彌諾佗❸❹，每一年都有許多身分高貴的男子成爲它的祭品。而且與過去只在歐洲某一國家發生不同，如今這種情況已經遍佈全歐洲。

所以，現在是時候勇敢地殺死這隻鬼怪了，我現在就在做這件事。讓這兩隻妖魔終結在19世紀的新時代吧！性病最終會被醫生的預防藥物成功治癒，我們要對此充滿希望；而消除騎士榮譽的重任卻落在了哲學家肩上，他們必須轉變人們的錯誤觀念，因爲政府使用的法律武器如今已經失敗了。而且只有哲學才能夠撼動這種禍害的根基。如果政府眞誠地進行剷除這一禍害的工作，只是由於能力不足才沒有收到良好效果，那我建議政府訂立一條法律，保證會大獲成功。這種方法不會導致流血，也無須斷頭台、絞刑架和終身監禁作爲輔助，它是非常簡單的「順勢療法」。

如果有人對別人提出決鬥，或者接受別人的決鬥挑戰，那麼就讓他公開在士兵長面前，像中國人那樣接受十二杖的體罰；遞送挑戰書的人和決鬥的公證人沒人接受六杖的懲罰。至於決鬥造

---

❸❹ 彌諾佗：希臘神話中牛首人身的怪物，吃人，生活在克里特島的迷宮中。

成的後果，則按照一般的刑事訴訟法進行追責。一個騎士思想的追隨者也許會這樣反駁：很多「榮譽之士」在受到體罰之後就會開槍自殺。

我對此的回答如下：這種愚人自殺總強過殺死別人。我知道政府實際上並沒有眞心誠意地去遏制決鬥行爲。政府官員，特別普通官員（除了職位最高的官員之外）的收入要比他們的服務所應得的數目低很多。所以，榮譽就相當於他們的另一半收入。榮譽首先體現在頭銜和勛章之上，其次社會階層的榮譽則作爲其更廣泛的代表。對於社會階層代表的榮譽來說，決鬥是一個得力助手。所以，人們在大學中就受到了關於榮譽的初步訓練。因此可以說，決鬥中受害的一方實際上是用鮮血塡補了工資收入的缺口。

・民族榮譽

我要稍微涉及一些民族榮譽來使我的論述更加完整。這種榮譽關涉到整個民族——這是人類社會的組成部分。只有力量才是民族榮譽方面的決斷者，此外沒有別的東西。所以，民族中的每一成員都要自覺捍衛自己民族的權利。因此，民族榮譽不僅僅在於別人確認這個民族是有信譽的，而且還要讓他人知道：這個民族是讓人害怕的。所以，民族榮譽絕不會放任外族侵犯本民族的利益。這樣一來，民族榮譽實際上就是公民榮譽和騎士榮譽的結合。

第三部分・名聲

我在人前所展現的表象——也就是人在別人眼中的形象——這一部分的最後提及了名聲。在這裡我們要繼續對它進行研究。名聲和榮譽是一對雙胞胎，但就如第奧斯科生下的雙胞胎一般：一個（波魯斯）擁有無盡的壽命，而另一個（卡斯圖）卻終會滅亡。榮譽是會消亡的，而名聲就是它長生不老的兄弟。當然，這裡所指的名聲是最高級別的眞正的名聲；因爲有許多名聲只是短暫的幻影罷了。榮譽所包括的只是人們在相同情況下應當具有的素質，每個人都應該公開認爲自己擁有這些素質。而與名聲有關的素質，我們卻不能強制每個人必須具備。榮譽與他人對我們的瞭解有關，而且不會超過這一範圍；但名聲卻相反，先於別人對我們的瞭解而存在；而且榮譽也因此而抵達了名聲的涉及的範圍之內。每個人都有榮譽，但名聲只屬於少數特別的人，因爲只有做出行動成績，或者創作出思想作品的人才能夠獲得名聲。

這就是兩種獲取名聲的方法。需要一顆偉大的心才能建功立業，需要一顆卓越的頭腦才能夠著書立說。這兩種獲得名聲的方法都各有利弊，但兩者之間的區別主要在於，事業會消逝，而作品卻會流傳千古。哪怕是最高貴的事業所產生的影響也只是短暫的，而天才的作品卻會世代相傳，給人帶來教益和愉悅。事業只能在人的記憶中存在，而且除非這種事業被歷史記錄在案，像化石一樣保存下來，要不然記憶就會不斷地衰頹、演變，逐漸模糊直到消失。

相較而言，作品本身就是永恆的，尤其是文學作品更能夠流傳久遠。亞歷山大大帝[35]只有名字和關於他的記憶流傳到了現在，而柏拉圖、亞里士多德、荷馬、賀拉斯卻仍然鮮活地存在，並且產生著直接的影響。《吠駝》[36]及其《奧義書》也依然存在。然而，對過去歷代發生的事業功績我們卻已知之甚少。此外，行動業績還有另一個缺陷，那就是對機會非常依賴。因爲有了機會，才可能創造出行動業績；這樣一來，當時的情勢，而非行動業績自身的價值就決定了通過這一業績所能取得的名聲。因爲，是在當時的情勢之下，行動業績才能凸顯其重要並且獲得榮耀。除此之外，如果是個人行爲方面的行動業績，比如戰功，那麼就完全依賴於少數目擊證人的證詞；然而，並不是總有目擊證人，而且他們有可能不那麼公正，而是帶有偏見。行動業績的優勢在於，它是實際事物，普羅大衆有足夠的能力對它進行評價。所以，一旦獲得了關於行動業績的確切信息，人們就會立刻對其進行公正地認定——除非行動業績的動機是後來才被人們正確地認識和理解的，因爲只有認識了行動業績的動機才能理解它。

---

[35] 亞歷山大大帝（前356—前323）：馬其頓國王。

[36] 《吠駝》：印度最古老的宗教文獻和文學作品的總稱。

而創作作品的情況卻與之相反。作品僅需靠創作者本人進行創造，並不依賴於機會。只要作品繼續存在，它所展現出來的就是本身最初的樣子。但是，評價作品是比較難的事。作品的層次越高，對它進行評價就越難。才華橫溢、公正無私、誠實正直的評判者是很少見的。某一個評判或者一件事不足以對一部作品的名聲蓋棺定論。對作品的評價是一個不斷上訴的過程。如前所述，行動業績是通過它發生時的那代人通過記憶傳遞給後人的。而作品除非有部分殘缺，不然就會以自身原本的樣子傳下來。因此，作品的面目不會被歪曲。而且，那些作品在創作和問世時的情勢環境中所遭遇的不利影響會在流傳的過程中消失。此外，時間還提供了一小部分具有眞正實力的評判者。他們自己就是傑出的人才，現在他們是在對優秀程度超越了自己的作品進行評價。他們每個人給出的意見都是有一定分量的。

當然，公正的評價結果有時候會經過很多時代才出現，但這一結論一旦出現以後就不會被推翻了。這種情況決定了作品帶來的名聲必然十分牢固。然而，作者自己是否能夠親見自己的作品獲得承認，就要靠外在情勢和運氣了。級別越高、程度越深的作品，其作者就越少有這樣的好運。塞尼加曾經這樣談論這一點，他認爲，名聲是隨著成就而來的，但就像影子那樣有時候在前面，有時候在後面。在說完這點之後，他又補充道：「也許你的同時代人會因爲嫉妒而沉默不語，但是日後總會有人既無惡意也無奉承地做出評判。」

順便說一句，我們從中可以看出，塞尼加時代的那些無賴們就已經開始對成就進行壓制了，他們的做法是：充滿惡意地對他人做出的成就沉默不語，視而不見。他們用這樣的方法使大衆看不到優秀的東西，而對那些低級、拙劣的事物有好處。他們使用這種壓制藝術的熟練程度一點都不比我們當代人差。他們和我們時代中的無賴們都因爲嫉妒而緘默。

通常來講，名聲來得越晚，存在的時間就越長，因爲所有傑出的事物都只能慢慢成熟。好名聲就像一株逐漸長大的橡樹一樣流傳千古。那種很輕易就獲得，但十分短暫的名聲，只是成長快速的一年生植物；而虛假的名聲則是長勢迅猛，但不久就被剷除的雜草。

這些都是由以下事實決定的：一個人越被其後代所推崇，也就是被全體人類所推崇，他在自己的時代中就越不被瞭解，因爲他做出貢獻並不是爲了自己的時代，而是爲了全人類。所以，他創作出的作品並不會侷限於自己的時代。因此，這種情況時有發生：他在自己的時代中直到離去都默默無聞。而那些只爲短暫一生中的具體事務和當下時刻服務的人——所以他們屬於自己的時代，而且隨著時代的結束而消亡——反而會受到同時代人的讚賞。

從藝術史和文學史中我們可以看到：最高級的人類精神思想作品通常很難受到賞識，直到傑出的思想者出現才能結束這種局面——他們在這些作品的呼喚下使其重新獲得了威望。這些作品在得到了權威性之後便可以延續自己的威望了。這種情況出現的根本原因在於，每個人所能夠理解與欣賞的只是符合自己本性的事物。

一個愚笨的人只能理解愚笨的事物，一個庸俗的人只能欣賞庸俗的事物，一個頭腦不清的人喜歡混亂模糊的事物，一個缺乏思想的人則喜歡胡言亂語。一個讀者最能夠欣賞的是與他本人氣味相投的作品。所以，古老的、寓言式的人物伊壁查姆斯曾這樣唱（我譯的）——

我表達自己的觀點，沒有什麼奇怪；
而他們自以爲是，認爲
只有自己值得稱道。狗對於狗來說，
才是最美的動物。牛對於牛也一樣，
豬對於豬，驢對於驢，都是一樣。

哪怕用最強壯的手臂拋出一個很輕的東西，這個東西獲得的力量也很難讓它飛遠，並且有力地擊中目標。這個輕飄飄的物體很快就會落到地上，因爲它本身缺乏能夠接收外力的物質性的實體。如果只有弱小、愚笨的頭腦來接收的話，那些偉大的思想和天才的巨作也會遇到相似的情況。比如，耶穌曾說：「給一個笨蛋講故事，就像和熟睡的人聊天一樣。故事講完以後他會問，你剛才說什麼？」哈姆萊特則說：「精妙的語言在愚人耳朵裡打瞌睡。」歌德說——

最巧妙的語言，笨蛋聽到後，
也會進行諷刺。

以及——

你說的沒有什麼用，
人們都面目呆滯，無話可說，
保持好心情吧！
把石頭扔進沼澤中？
是看不到漣漪的。

利希滕貝格曾說：「當腦袋和一本書發生碰撞時，只發出了一聲悶響，這聲音難道只來自書本嗎？」他還說：「書本就像一面鏡子，當猴子照鏡子的時候，鏡子中不會映出福音聖徒的形象。」確實，吉拉特神父曾經發出了令人回味無窮的優美感人的哀怨詩句——

通常，最好的禮物
最缺乏人們的稱讚；
大多數世人，
把最壞的當成最好的。
到處都能看到這種糟糕的情形，
人們如何才能擺脫這種不幸呢？
對於是否能使我們世界中的這種不幸消失我深表懷疑，
只有一種方法可以補救，但卻異常困難：
必須使愚蠢的人獲得智慧——但這是不可能的，
他們無法理解事物的價值。
他們只用自己的眼睛，而不是頭腦做出判斷，
他們對那些毫無價值的東西大加讚賞，
原因在於他們從來不懂什麼才是好的。

正是因爲人們思想水平較低，所以就像歌德說的那樣，傑出人才很少被人發現，至於被人承認和讚揚就更稀有了。除了缺乏智力以外，人們還具有道德上的劣根性，即嫉妒。一個人獲得名聲之後，名聲就會使他的地位高於別人，所以別人自然就被貶低了。因此，每個因爲做出傑出成績和偉大貢獻的人獲得名聲的代價，就是那些沒有得到名聲的人。

我們在給他人榮耀時，
也貶低了自己。

——歌德

這一點也讓我們明白，爲什麼一旦有傑出的東西出現，不管它屬於哪一類，都會有無數平庸之人對它進行攻擊。這些人會聯手阻止這個東西的出現；甚至儘可能地除掉它。這些人使用的暗號就是「打倒成就和貢獻」。甚至那些由於自己的成績已獲得名聲的人，對於別人獲得新的名聲也心有不平，因爲擔心自己的光芒被別人的名聲所掩蓋。所以，歌德寫道——

如果我在獲得生命之前，

有片刻猶豫，
這個世界上就沒有我了。
如你們所見，
那些自高自大的人，爲了自我吹噓，
而忽視我的存在。

通常情況下，人們會公正地評價一個人的榮譽，也不會因爲嫉妒而進行攻擊，實際上每個人都預先擁有榮譽；但只有與嫉妒進行搏鬥之後，才能獲得名聲，而且桂冠是被那些並不公正的評判者所構成的裁判所頒發的。人們可以而且情願和他人一同擁有榮譽，但一個人在得到名聲之後卻會對它進行貶低，或者阻撓他人也獲得名聲。此外，作品的讀者群數目越小，通過這一作品獲得名聲的難度就越大，反之亦然。其中的原因很容易理解，創作娛樂大衆的作品要比創作那些有教化意義的作品更容易獲得名聲。創作哲學作品是最難獲得名聲的，因爲這些作品給人的教益並不確定，而且無法帶來物質上的益處。

因此，哲學著作的受衆僅僅是同樣從事哲學的同行業者。通過上述的困難可以看出，那些創作出值得讚譽的作品的作者，如果不是由於熱愛自己的事業，並能夠從寫作中獲得樂趣，而是爲了獲得名聲而寫作，那麼人類就會失去，或者失去一大部分不朽的傑作。確實，想要創作出傑出的作品，而不是低級的作品，創作者就必須與大眾及其代言人的評價作對。因此，以下觀點十分正確——奧索里亞斯對這一觀點特別強調——名聲總是躲著追求它的人，而跟在對他不以爲意的人身後。

所以，想要得到名聲是非常難的，但維持名聲卻很簡單。從這一點來說，名聲和榮譽正相反。榮譽是每個人預先享有的，需要小心照管它。但一個人一旦行爲不端，他就從此失去了榮譽。相反，名聲卻不會消失，因爲使一個人獲得名聲的功業或者作品永遠都存在著，就算他不再創作新的東西，但卻仍然享有名聲。如果名聲會逐漸變弱、消失，消逝在時代中，那麼這名聲就是名不副實的，只是暫時的過譽而已；或者，它就是黑格爾所獲得的那類名聲——利希騰貝格這樣描述它：「那些好友集團先共同對它進行宣揚，然後那些空洞的頭腦對其進行回應……未來的某一邊，後人面對那些華而不實的語言大廈，和過去的時髦以及殭屍的概念所留下的華麗的框架，他們在叩門時卻發現一切都是空殼，裡面甚至沒有一丁點思想能夠自信地喊出：請進——這多麼讓人恥笑啊！」（《雜作》4,15頁）

名聲是在一個特殊的地方建立起來的。所以，本質上來講，名聲是相較而言的，它的價值也是相對的。如果大眾和獲得名聲的人變得一樣，那麼名聲就消失了。只有那些無論何時何地其價值都不會消失——此處指的就是自身直接擁有的東西——所擁有的價值才是絕對的。

所以，偉大的心靈和頭腦具有的價值和幸福都在於其本身。價值並不在於名聲，而在於使人獲得名聲的東西——那才是實在的，而名聲只是在偶然和意外中得到的罷了。確實，名聲只是外在顯示而已，名人通過名聲證明其高度的自我評價是正確無疑的。可以這樣說：就像光不經過物體折射就無法被看見一樣，一個人的卓越之處也只有通過得到名聲才獲得了合法性。然而，名聲的外在顯示並不永遠有效，因爲有時候可能會名不副實。

此外，有一些人雖然做出了卓越的貢獻但卻沒有獲得相應的名聲。萊辛㊲說過一句很明智的話：「一些人享有盛名，但另外一些人卻應當享有盛名。」如果一個人所具有的價值只能由他在別人眼中表現出的形象來決定的話，這種生存就太過於悲慘了。如果一個英雄或天才所具有的價值只是他所獲得的名聲的話，那麼他的人生也的確很悲慘。

但實際情況卻並非如此。每個人都是按照自己的本性生活的，所以他首先是用自己的樣子爲了自己而生存。一個人的自身本性，無論是什麼樣的存在方式，對他來說都是最重要的。如果他的自身本性沒有價值，那麼他這個人就沒有價值。相較而言，他在別人眼中呈現出的樣子卻並不

㊲萊辛（1729—1781）：德國啓蒙思想家、劇作家、文藝理論家。

那麼重要，只是次要的細枝末節，它有很大的偶然性，對他本人產生的影響也只是間接的。

此外，大衆的頭腦就好像是蕭條、可憐的舞台，其中沒有眞正的幸福，只有虛幻不實的幸福。在名聲殿堂中，有著各種各樣的人：統帥、大臣、舞者、歌手、演員、富豪、庸醫、猶太人、雜技演員等。沒錯，與那些傑出的精神思想素質——特別是較高級的——相比，這些人更容易受到人們發自內心的讚賞和尊敬。

絕大多數人對於卓越的精神思想素質的尊敬只是隨口說說罷了。用幸福學的眼光來看，名聲只是滿足我們的驕傲和虛榮心的罕見而昂貴的東西，此外並非其他。然而，大部分人有著過分的驕傲和虛榮心，雖然他們對此極力掩飾。也許那些理所應當獲得名聲的人才擁有最強烈的驕傲和虛榮心，在他們的並不太確定的意識中，他們認爲自己擁有超過常人的價值。在能夠證明自己的不凡價值並且得到承認的機會到來之前，他們必須經過漫長的、不確定的等待。他們認爲自己受到了隱秘的不公正待遇。

不過，就像我在本章開頭說過的那樣，通常人們過於看重他人對自己的看法，其重視程度是不合理也不合比例的。因此，霍布斯[38]的言論雖然過於激烈，但也許是對的：「我們之所以感到

---

[38] 霍布斯（1588—1679）：英國哲學家。

高興，是因爲我們可以通過和別人比較而抬高自己。」從中可以看出人們之所以如此重視名聲的原因，而且爲了獲取名聲而不惜付出一切代價——

名聲（這是傑出的靈魂僅存的弱點）
使明白的頭腦拒絕享樂，
而過著艱苦辛勞的生活。
——彌爾頓㊴（盧西達斯），70

以及——

傲慢的名聲殿堂
在懸崖峭壁上熠熠發光，
人生的智慧想要登上去是如此艱難！

㊴彌爾頓（1608—1674）：英國詩人、爭論家。著有長詩《失樂園》。

——貝蒂[40]（吟遊詩人）

最後，我們也能發現，愛慕虛榮的國家喜歡經常念叨榮耀，並且毫不猶豫地把它當作動力來促使人們創造傑出的功業和偉大的作品。然而，這一點是毫無疑問的：名聲只是次要的，只是成績、貢獻的表象和回音；而且值得稱讚的事物比稱讚本身的價值更高。

因此，人們之所以感到幸福不是因爲名聲，而是因爲用來得到名聲的事物；也就是因爲那些成績和貢獻，或者更確切地說，人感到幸福的原因是創造出這些成績和貢獻的思想和能力，不論是智力方面的還是道德方面的。因爲每個人爲了自己都必須發揮自己最好的品質。他在別人眼中的形象，和別人對他的評價，都是次要的。所以，那些應該享有名聲但又從未獲得的人，實際上擁有的東西更加重要；這些他實際擁有的東西足以塡補他欠缺的東西。我們欽羨一個偉人的原因，並不在於他被那些因爲缺少判斷力而易受迷惑的民衆當作偉人，而在於這個偉人本身名副其實。他最大的幸福並不是名傳千古，而是他具有耐人尋味、值得永存的思想。他的幸福掌握在自己的手中。但是卻沒有掌握在「自己的手中」。

---

[40] 貝蒂（1735—1783）：英國詩人和隨筆作家。

從另一個角度來說，如果最重要的是別人的稱讚，那麼引起稱讚的東西就沒有稱讚本身重要了。虛假的、名不副實的名聲就是這樣。這種虛假的名聲給擁有它的人帶來了好處，但實際上這個人並不具備他的名聲所代表的東西。

然而，虛假的名聲也有缺陷。雖然這些人爲了個人利益而自我欺騙，但是當他身居並不適合自己的高位時，就會感到眩暈；抑或，他們自己也覺得自己就是一個假貨。他們擔心總有一天自己的面具會被人揭開，從而受到他應得的羞辱，特別是他們已經在有識之士的臉上看到了來自後人的判決。這些人就好像用僞造的遺囑騙取了財產一樣。那些最眞實的，也就是身後得到的名聲，是不會被名聲的擁有者知道的，但他仍然被看作是幸運的。他之所以是幸運的，是因爲他擁有可以從中得到名聲的傑出素質，而且能夠用適合自己的方法進行他心甘情願地投入其中的事業，因爲只有如此創作出的作品才能夠流傳後世。使他幸運的原因還有他擁有豐富而偉大的情感或精神世界，他的作品將它們記錄保存了下來，並且得到了後人的稱讚。

此外，還有他的思想智慧。在未來的無限時間中，那些思想高貴的人們對研究他的思想智慧這件事樂此不疲。流傳久遠的名聲的價值在於它是實至名歸的，這也是這種名聲所帶來的唯一好處。而這種獲得身後之名的作品是否能夠得到作者同代人的讚歎則與環境和運氣有關，但其實這無關緊要。

一般來說，大衆沒有獨立判斷的能力，而且無法欣賞級別和難度較高的成就，因此總是屈從於權威。百分之九十九的高級別的名聲，都是完全以那些稱讚者的誠信爲基礎的。所以，那些思想深沉的人並不看重同時代人熱鬧的讚揚聲，因爲他們聽到的只是少數幾個聲音的迴響。而且這少數幾個聲音也只是暫時的。

假如一個小提琴手得知：他的聽衆大部分都是聾子，只有一兩個例外，而這些聾子在看到那一兩個例外的人鼓掌時，爲了隱藏自己的缺陷便也跟著擺動雙手，那麼這個小提琴手是否還會因爲聽衆的掌聲而感到高興呢？甚或當他得知，那幾個領掌的人常常被花錢請去爲可憐的小提琴演奏家鼓掌加油！從中可以看到，爲什麼一個時代中的名聲極少能流傳後世。

因此，達蘭貝爾㊶在描寫文學殿堂的優美文字中這樣寫道：「文學殿堂中有許多已經去世的人，他們在生前卻沒有進入這裡；這個殿堂中也有少數仍然健在的人，但當他們死去之後就會被驅逐出去。」順便說一句，在一個人還活著的時候就給他建紀念碑的行爲說明：我們對後人會怎樣評價他不太放心。但是，如果一個人在生前就獲得了能夠延續到身後的名聲，那麼這種情況絕

㊶ 達蘭貝爾（1717—1783）：法國數學家、物理學家、啓蒙思想家及哲學家。《百科全書》的編纂者之一。

大多數都發生在他的老年時代。就算有例外也多見於藝術家和文學家中，而絕少出現在哲學家中。通過那些以著作聞名的人的肖像就能夠證明這一點，因爲這些肖像大部分都是在其主人成名之後才準備的：這些肖像描繪的通常是作者滿頭華發的老年形象，哲學家更是如此。

但是用幸福論的眼光來看，這是十分合理的。名聲和青春加在一起對於我們這些凡人來說太過奢侈。在我們貧乏的生活中，應該感激生活的恩賜，分別享用它們。青春時期，我們擁有的財富已經夠多了，並且能夠帶給我們快樂。年老時，所有的歡愉和快樂都像冬天的樹木一樣凋零了，這時名聲就像冬青一樣順應時節抽枝發芽了。也可以將名聲比作夏天成長，冬天供人享用的冬梨。老年時代最好的安慰就是：我們把所有的青春都注入了自己的作品中，這些作品並不會跟我們一起衰老。

下面，我們深入探討一下在與我們密切相關的學科中獲得名聲的方法，就能夠得出以下規律。如果想在這些學科中展示智慧——它的標誌就是這方面的名聲——就必須將這些學科的資料重新組合。這些資料內容的性質有著較大差異，但是這些資料的知名度越高、越容易被接觸到，那麼整理和組合這些資料而得到的名聲就越大。

比如說，如果這些資料與數字或曲線有關，涉及一些物理學、動物學、植物學或解剖學方面的內容；或者這些資料是古代典籍的殘篇，或缺少一部分的碑文、銘刻；或者這些材料與某一個模糊不清的歷史階段有關——這樣的話，通過精確地整理和組合這些資料而獲得的名聲，只會在瞭解這些資料的人當中流傳，僅限於這一範圍。

所以，這種名聲只傳播於數量不多的、通常過著隱居生活的人中。但是，如果研究的材料被大衆所熟知，比如與人的理解力、情感的基本特徵有關，或者涉及人們常見的各種自然力、大自然的進程，那麼對這些資料進行全新的、具有重要意義的整理組合，並且使人們對這些事物有了更多的瞭解——這樣的研究所取得的名聲就會逐漸流傳到整個文明世界。因爲這些研究材料是每個人都能接觸到的。

因此，通常情況下，每個人都能對它們進行組合。所以，名聲的大小與獲得它是所要克服的困難的大小成正比。如果研究材料是爲人熟知的，那麼正確地對它們進行全新的組合就會更加困難，因爲許多人已經在這方面下過功夫了，幾乎所有新組合都被嘗試過了。

相較之下，對於那些很難掌握的、大衆較少接觸到的研究資料，我們找到新的組合的可能性就比較大。因此，只要一個人有著清晰而健康的理解力和判斷力，在智力上又有一定優勢的話，那麼他在研究上述資料時就很可能會幸運地找到正確的全新組合。但是，通過這種方法得到的名聲的傳播範圍多少取決於人們對這些資料的熟識程度。

人們需要進行大量的研究工作才能夠解決這類學科的難題——只是瞭解和掌握這些資料就必

須如此。但是如果我們對那類能帶來最深遠、最顯赫的名聲的資料進行研究，那麼很輕易就能獲得相關素材。但是，在解決這類難題時越不需要花費苦力，就越要求研究者有較高的才能，甚至可以說只有天才才能夠完成。對於創造價值和受人尊敬方面來說，埋頭苦幹與思想的天才是不可同日而語的。

從此可以得出，如果一個人覺得自己有著良好的理解力和判斷力，但又不自信擁有最高的思想稟賦，那麼就應該不拒絕從事煩瑣、辛苦的考察和研究，因爲只有通過這樣的辛勞工作，他才有可能從經常與這些資料打交道的人中凸顯出來，才能深入到只有勤勉博學的人才可能進入的偏僻領域。在這個領域中，競爭者少了很多，頭腦稍微出色一些的人都能夠很快找到對研究資料進行正確的全新組合的機會。

這類人取得的成就甚至就是以他通過辛苦勞動獲得了這些資料爲基礎的。然而，他因此獲得的讚揚卻不爲大衆所熟知——這些讚揚來自他的研究者同行，因爲只有他們才對這一學科有所瞭解。如果按照我說的途徑繼續深入下去，最後就會因爲已經很難發現新的材料，研究者不需要對材料進行組合，而是只要找到新材料就能獲得名聲。

就好比探險家進入了一個荒無人煙的地方：他看到的而不是他所思考的就能夠使他獲得名聲。這種獲得名聲的方法還有一個優勢：自己看到的東西要比自己所思考的東西更容易傳達給他人，也更容易被他人理解。因此，講述所見所聞的著作要比表達思想的作品擁有更廣泛的受衆，因爲就像阿斯姆斯所說——

一個人只要去旅行，

就能講故事。

然而，與此相符的是：在對這類名人有所認識和瞭解之後，就會讓我們想到賀拉斯的話——

出國旅行的人改變的只是周圍的天氣環境罷了，他們的思想意識並沒有任何改變。

而那些擁有極高的思想天賦的人，應該著力去解決重大的難題，也就是與這個世界的整體有關，因而也就是最困難的問題。因此，他們要使自己的視野儘可能地擴大，並且同時涉及多個領域，從而避免在某一個方向上過於深入而沉迷於某個過於專業、冷門的領域中。亦即不應該執著於某學科中的某個專門領域，更不應該去鑽牛角尖。這樣的人無須爲了減少自己的競爭者而選擇偏僻的學科。他可以選擇那些人人都能看到的事物作爲自己的研究對象。他可以對這些材料進行正確的眞實的全新組合。

這樣一來，所有對這些材料有所瞭解的人都能夠欣賞他所做出的成就，亦即獲得大多數人的讚賞。文學家和哲學家得到的名聲與物理學家、化學家、解剖學家、礦物學家、動物學家、語言學家、歷史學家得到的名聲之間之所以存在巨大差異的原因就在於此。

第五章 建議和格言

我並不打算在此處完整地討論——如何才能獲得人生幸福。因爲如果要這樣做，我就不得不將歷代的思想家——從泰奧尼斯、所羅門王一直到拉羅什福科的觀點都重複一遍，這些觀點中確實有一些至理名言。但是這樣做的話，我就陷入了老生常談。當然，如果不能夠做到完整論述，也就無法對這些思想進行系統性的組織。雖然不夠完整和系統，但是值得安慰的是如果追求這兩者的話，我的論述就會變得過於複雜、冗長。

我只把自己想到的，可能值得告訴讀者的內容寫下來；以及那些我所知道的還沒有人談到，或者不完全是別人談到的思想，而且我如今的表達方式也和別人不一樣。因此，我現在只是爲這個已經有許多人做出建樹的領域添磚加瓦而已。

關於這一問題的觀點和建議多種多樣。我將它們按照一定的順序分爲了四個部分，第一部分是總論；第二部分是如何律己；第三部分是怎樣待人；第四部分則是討論我們對於未來的展望。

第一部分・總論

第一節

亞里士多德在《倫理學》中無意提到了一個觀點，我將它看作人生智慧的第一戒律，我將它翻譯成了德語[42]：「理性的人追求的並非快樂，而只是避免痛苦。」

這句話包含了以下眞理：一切快樂的本質都是具有否定性質的，而痛苦則有著肯定性質的本質。在我的《作爲意志和表象的世界》一書中的第一卷第五十八章有關於這句話的詳細解釋和論證。我在這裡用一個常見的事實幫助理解這一觀點。如果我們意識不到自己身體整體上的健康，而只是關注疼痛的傷口，那麼我們就會因爲這一小塊傷口而失去了總體上的舒適感。與此相同，雖然各種事情的發展都合我們的意，但只要有一件事沒有按照我們的意願進行——哪怕是一件很小的事——這件不如意的事就會進入我們的意識；我們就會總是想這件事，而忽略了其他更重要的、隨了我們心意的事。

---

[42] 原文爲希臘語。

在以上兩個例子中，我們的意欲都受到了損害。第一個例子裡的意欲客體化存在於人的機體中，第二個例子的意欲客體化則存在於人的渴望當中。

從這兩種情況都可以看出，意欲的滿足總是否定的。我們並不能直接感受到意欲的滿足，而只能通過反省、回顧的方式意識到它。然而，意欲受到的限制卻是肯定的，所以這種情況會表現得很明顯。每一種快樂其實都是意欲受到的限制被消除後，意欲得到解放而產生的。因此，任何快樂持續的時間都非常短。

上文所引用的亞里士多德的精妙觀點正是源自這一道理。這條戒律告訴我們不應該把生活的愉悅和快樂當成追求的目標；而是應該努力避開生活中各種各樣的災禍。如果這個途徑是錯的，那麼伏爾泰的話也就沒有道理了！他說：「快樂只是一場夢，而痛苦卻是眞實的。」（一七七四年3月16日給弗洛安侯爵的信），但實際上伏爾泰的話是非常正確的。

所以，如果想要從幸福論的角度判斷自己的一生是否幸福，就需要把曾經避開的災禍，而不是享受的快樂列舉出來。確實，幸福論最初就告誡我們，「幸福論」只不過是委婉的名稱罷了；「幸福的生活」實際上應該解釋爲「避免了很多不幸的生活」，也就是可以勉強忍受的生活。的確，生活並不是用來享受的，而是需要忍受和克服的。

各種語言的表達中都能找到對於這一點的證明，比如拉丁語的「degree vitam」、「vita

defungi」（得過且過的生活，克服生活）；意大利語的「si scampa cosi」（把這些日子熬過去）；德語的「man muss suchen durchzukommen」（我們必須努力使生活順利）和「er wird schon durch die welt kommen」（混日子）等等。進入老年之後，人終於可以拋開生活的重擔，這確實值得欣慰。

所以，一個人最幸運的就是一生中沒有遭受過巨大的精神痛苦或肉體痛苦，而並非曾享受過多少強烈的快樂。在人生的幸福方面，後一個是錯誤的衡量標準。這是因爲快樂的性質永遠是否定的；快感能帶給人幸福這一想法是錯誤的，而善妒的人就有這樣的錯誤想法——這是對他們喜歡嫉妒的懲罰。相較之下，痛苦的感受卻是肯定的。因此，判斷一個人的生活是否幸福，要看他缺乏痛苦的程度。如果完全沒有痛苦，也並不無聊的話，就是世上眞正的幸福，其他一切都是虛假的。

我們從此可以得出結論：我們不應該爲了獲取快樂而以承受痛苦爲代價，就連冒著這樣的風險也不行，不然我們就是犧牲了肯定的、眞實的東西而換取否定的，所以是虛幻的東西。如果我們反過來爲了避免痛苦而以犧牲歡愉爲代價的話，我們肯定能得到好處。這兩種情況下，不管痛苦出現在快樂之後，還是領先快樂到來，實際上並不重要。

如果人們嘗試將痛苦的人生舞台轉變成一個歡樂場，用尋歡作樂代替儘可能避免痛苦作爲人生目標——正如很多人的做法一樣——那就是非常荒謬的本末倒置的事。

如果一個人目光陰沉地將這個世界看作一定意義上的地獄，並且費盡心力在其中建造一間隔絕烈焰的房間——那麼他的錯誤並不算太荒唐和離譜。愚笨的人試圖在生活中尋找快樂，最終卻發現自己上當了；而智慧的人則想盡一切辦法避免災禍。如果智慧的人沒能成功，只能說明他運氣不好，卻不能說明他愚蠢。只要他能夠達到目的就不會覺得上當受騙，因爲他所避開的災禍是眞實地存在於生活中的。哪怕一個智慧的人在躲避災禍方面做得有些過頭，沒有必要地犧牲了許多生活中的快樂，但說到底他也並沒有眞的損失什麼，因爲所有的快樂都是虛假不實的。爲了錯過享受的機會而痛心，是非常膚淺、狹隘甚至可笑的。

我們之所以遭受很多不幸的原因就是沒有認識到這一眞理，樂觀主義在這一方面要負一定的責任。我們沒有感到痛苦的時候，慾望就會蠢蠢欲動，向我們展示出各種虛幻的快樂和享受；這些誘惑就像水中的影子一樣讓我們趨之若鶩。這樣一來，我們就爲自己招致了眞實的、確定的痛苦。此時，我們就會爲自己喪失了沒有痛苦的狀態而痛心疾首——這種狀態就像被我們輕易拋棄的天堂一樣，我們只能徒勞地希望一切都沒有發生過，重新再來。彷彿總有一隻惡魔用慾望的幻想誘惑我們拋棄無痛苦狀態。

實際上，眞正的、最大的幸福就是沒有痛苦的狀態。不懂得深思熟慮的青年人認爲這個世界的目的就是讓人們追尋歡愉，在世界中存在眞正的切實的幸福。他們以爲之所以有人無法獲得幸福，是因爲他們在獲取幸福方面不夠聰明靈活。不論是小說、詩歌還是世上的普通人，都無時無刻不在爲了面子而做出虛假行爲，這些都使上述觀點得到了加強。

我接下來就會繼續討論這一觀點。這一觀點一旦形成，人生就成了對確定的幸福的有意識的追逐，而這種幸福也是由肯定的快樂和愉悅組成的。人們在這場追逐中不得不承擔許多風險。通常情況下，這種對於虛幻事物的追逐最終都會招致切實的、肯定的不幸。各種不幸包括痛苦、疾病、煩躁、憂慮、損失、貧困和恥辱等。眞相總是很晚到來。但是，如果人們按照上面所說的原則，將擺脫痛苦，也就是避免匱乏、疾病和各種不幸作爲目標，那麼這就是一個眞實的目標，可能使我們得到好處；而且，對所謂確定的幸福的幻想的追求給我們的生活帶來的干擾越少，我們獲得的益處就越多。

歌德在《親和力》中通過米特勒之口表達出的觀點與我在這裡所說的意思相同。米特勒總是爲了他人的幸福而行事，他說：「一個努力避免災禍的人是有著明確目的的，而一個總希望獲得優於自己所有的東西的人卻是盲目的。」從這句話可以聯想到一句優美的法國諺語：更好是好的敵人。確實，這一道理就是犬儒學派基本思想的來源。我在《作爲意志和表象的世界》第二卷第十六章中已經對這一點進行了分析。

犬儒學派之所以拋棄所有快樂，難道不是因爲他們知道這些快樂多少都包含著痛苦嗎？犬儒學派哲學家認爲，獲取快樂遠沒有避免痛苦重要。他們深切地懂得享受快樂是否定的，而痛苦是肯定的。所以，他們矢志不渝地努力避免災禍，他們認爲爲了達到這一目的必須刻意拋棄所有快樂歡愉，因爲他們明白歡樂中藏有害人的陷阱，它會使人們被痛苦奴役。

誠然，如席勒所說，我們都在阿卡甸高原㊸上誕生；亦即我們來到世上時都充滿了對幸福和快樂的無限期望，而且愚蠢地希望這些期望都能夠實現。然而，通常情況下命運的打擊很快就會到來，它將我們一把抓住教訓我們：沒有什麼東西是屬於我們的，一切都掌握在命運的手中，它不但以無可爭辯的權利掌握著我們的財產、妻兒，而且還掌握著我們的手腳、耳目、臉中間的鼻子。不論怎樣，我們不需要太久就能夠體會到，幸福和快樂只是清晨的薄霧，只能遠觀，一旦走近它就會消失。

相較而言，痛苦和磨難則是具體而真實的。無須幻想和期待，我們就能直接感受到它們。如果我們得到的教訓能夠真正起作用的話，我們就會不再追逐幸福和歡愉，而把精力放在如何阻止痛苦、磨難的到來之上；我們就能夠明白這個世界能夠帶來的最好的事物，就是一種沒有痛苦的、安寧的因而可以勉強忍受的生存而已；我們必須控制自己對世界的期待和渴望，只有這樣實

㊸阿卡甸高原：比喻過著田園牧歌式生活的地方。

現的可能性才更大。最可靠的避免不幸的方法——就是不追求很幸福。

歌德年輕時代的朋友梅克就明白這一點，他曾寫道：「我們對幸福過分的渴求毀了生活中的一切，我們渴望的程度就決定了毀壞的程度。如果一個人拋棄了過分的期待，在自己擁有的東西之外不再渴望更多，那麼他就能平安順利地生活下去。」（《梅克通訊錄》）

所以，我們應該將自己對快樂、財富、地位、榮譽等事物的渴望控制在一個合理範圍內，因為巨大的不幸正是這些渴望及對它們的追逐導致的。因此，使我們的欲求降低是非常聰明而合理的，因為很容易就會遭受巨大的不幸；相較而言，非常幸福的生活不但很難獲得，甚至可以說是不可能實現的。宣揚生活智慧的詩人十分在理地這樣唱道——

一個人如果選擇了金子般的中庸，他就會遠離寒酸的陋室，
也遠離了令人豔羨的貴族宮殿。
風暴來臨時，高大的松樹會在風中搖擺，
高聳的石塔會坍塌，
最高的山峰會被雷電擊中。

——賀拉斯

如果一個人完整地領受了我的哲學教誨，而且從中得知我們的全部存在實際上是有不如沒有的東西，人最高的智慧就是對這一存在進行否定和抗拒，那麼他就不會熱切地期待任何事情和處境；對世間的一切都沒有強烈的渴望，對於計劃的落空和事業的失敗也不會感到巨大的失落。反之，他會將柏拉圖的教誨銘記在心，這教誨就是：「沒有任何人、任何事值得我們過分關心。」可以讀一下安瓦里爲《玫瑰園》寫下的格言——

如果你失去一個世界，
不要感到悲傷，因爲這並不重要；
如果你得到一個世界，
不要感到高興，因爲這並不重要；
痛苦、歡樂、獲得、失去都是過眼雲煙
都會從這個世界消失，因爲這些都不重要。

——安瓦里㊹《蘇哈里》

㊹ 安瓦里（約1126—1189）：波斯文學中最偉大的頌詩者之一。

人們之所以感到這種健康觀點很難接受，正是因爲前文所說的世人的虛假。我們應該從年輕時代就認識到這種虛僞。許多奢華和輝煌只是虛幻的外表，就像歌劇院中作爲陪襯的裝飾物，重要的內部卻空無一物。比如說，那些懸掛著的三角旗幟、用花冠裝飾的船隻、華麗繁複的裝飾、喝采聲和歡呼聲、鼓角和禮炮的鳴響——這些都是體現人們歡樂的門面和幌子罷了，這些熱鬧的外表是快樂的象形文字。

但實際上，在這種熱鬧的場合下卻偏偏找不到快樂。在歡慶時刻，快樂是拒不出面的。它出現的時候往往是悄無聲息、毫不聲張地偷偷到來；它總在最平凡無奇的日常環境中出現，在那些顯赫輝煌的場景中反而找不到它的身影。

快樂就像澳大利亞的金砂一樣，分散在各個地方，沒有什麼規律可循，只能憑藉偶然的機會尋得它的蹤跡，而且每次只能找到一點點，因爲它們很少會大量聚在一起。前面所提到的所有熱鬧和裝飾都是幌子，是爲了使人們頭腦中產生快樂的假象，從而使人們相信——你在這裡能夠獲得快樂。

快樂如此，悲傷也是一樣。那些行進緩慢的長長的送葬隊伍是多麼悲傷、悲慼啊，成行的馬車望不到盡頭。但其實裡面都是空的！實際上死者都是由城裡面的馬車伕送到墓地的。這幅場景可以告訴我們世間的友誼和尊重到底是什麼！那就是人事的虛僞和空洞。

還有一個例子就是高朋滿座、珠光寶氣的盛大場合。乍一看上去，人們個個都滿面笑容，沉浸在一片高貴的快樂氣氛中，但一般來說，眞正的客人是拘束、尷尬和無聊。人們聚集的地方，就是無賴集合之所，雖然人們的胸前掛滿了勛章。無論在什麼地方，眞正優秀的聚會肯定是規模很小的。熱鬧、隆重的歡樂場合大多內在空虛，總會出現不和諧的情況，因爲這種狂歡氛圍與我們充滿匱乏和苦難的生活十分不協調。兩者的反差更加清晰地說明了事情的眞相。

從表面上看來，這些喧嘩的聚會能夠起到一些效果，這也就是其目的所在。因此，尙福爾有過很精妙的言論：「我們所謂的社交——聚會和沙龍——是一場可憐的、糟糕的戲劇；它無聊透頂、令人厭煩，只依靠機械、服飾和包裝來硬撐。」

與此相同，學士院和哲學教席總是在門外，好像是眞理的代表；但實際上眞理通常不在這些地方出現，而是現身他處。教堂的鐘聲、神父的裝扮、虔誠的表情、滑稽的動作——這些都是外在的幌子，是虔誠的假面具。

正因爲如此，幾乎世界上的所有東西都可以被看作是空的果核，果仁本身非常稀少，更不可能存在於果核之中。想要尋找它只能求諸其他地方，並且需要靠運氣。

第二節

想要知道一個人幸福與否，我們不應該問他有什麼值得高興的樂事，而應該瞭解他有什麼煩惱和憂心的事；因爲使他煩惱的事情越少、越不重要，那他就越會感到幸福，因爲如果我們連非常微小的煩惱都能感覺到，說明我們的狀態很舒適、安寧——身處不幸之中的人是無法體會到這些小事的。

我們要自我提醒不要對生活過多要求，因爲這種做法會擴大我們幸福所依賴的基礎。基礎越大，在其上建立起的幸福就越容易坍塌，因爲遭遇變故的可能性增大了，隨時隨地都可能發生變故。幸福的基礎與樓房建築的基礎正相反，不是越大越牢固。所以，最有效的遠離巨大不幸的方法就是根據我們自身的能力和條件，盡量使自己對生活的要求降低。

第三節

通常情況下，人們最愚蠢的行爲就是過分地爲將來的生活做打算——不管是用什麼樣的方式做打算。爲將來籌劃第一個要保證的是能夠長壽，但只有很少的人得享天年。就算一個人活到高齡，但與訂立的計劃相比，時間還是太短了，因爲計劃的實施過程總要比預計更花時間，此外，計劃就像其他很多事情一樣，會遇到很多阻礙，甚至很少能取得成功。最後，就算這些計劃全部都實現了，我們卻忘了時間給我們的身體帶來的變化。最初，我們沒有想過我們的一生之中不可能始終保持創造的能力和享受的能力。

所以，總是會發生這種情況：我們埋頭苦幹，等到目標終於實現的那天，卻發現得到的結果已經與我們的需要不相符了；抑或我們日日爲某一工作進行準備，但我們的精力都被這準備過程消耗光了，最後卻無法開始計劃中的工作。因此，我們經過多年奮鬥拚搏，經歷了千辛萬苦，終於獲得了財富，但此時，我們卻已經喪失了享受這些財富的能力。我們實際上是爲別人白忙了一場。或者，我們艱苦奮鬥了很多年，終於如願以償獲得了某一職位，但這時候我們的能力已經無法勝任這一職位了。

類似這樣的事情經常出現，這是因爲我們追求的結果總是姍姍來遲。或者正相反，我們的工作開始得太晚了，也就是說我們的成就和貢獻已經不符合當下時代的趣味了。新一代人逐漸成長，我們的成就不再使他們感興趣；有些人通過捷徑走到了我們之前，各種各樣的情況還有很多。賀拉斯就曾經表達過這類觀點——

爲什麼要消耗你的靈魂！

你制訂的永恆的計劃已經遠超它的能力所及。

我們的「思想之眼」產生的無法避免的錯覺，是導致我們犯下這種慣常錯誤的根源。這種錯覺使我們從人生的起點向前望去，生活彷彿無邊無際，但當我們走到人生的終點回頭凝望時，卻發現生命異常短暫。誠然，這種錯覺也有一定的好處：因爲如果缺少這種錯覺，人就很難創造出偉大的事情。

生活中會遭遇以下這樣類似的情況：當旅行者走近景物進行觀察時，看到的形狀與他從遠處所見的不一樣；景物好像隨著旅行者的走近改變了形狀。我們的願望就與此類似。我們最後獲得的結果往往與最初追求的目標不一樣——最終獲得的結果甚至有可能比最開始追求的更好。

還有一種情況，我們最初選用某種方法追求目標，但卻沒有成功，後來換了另外一種方法卻達到了目標。

此外，還經常發生這種情況：我們追求快樂、幸運和歡愉，但卻收穫了教訓、思想和認識——之前那些短暫的、膚淺的好處被眞實的、永恆的好處取代了。這是歌德的小說《威廉・邁斯特》的主要思想，它奠定了整部作品的基調。

所以，這本小說是具有思想性的；也因爲這樣，它要比其他所有小說的級別更高，甚至比華爾特・司各特的作品更高，因為後者只具有倫理性，亦即只是單純從意欲的角度對人性進行闡釋。它也是《魔笛》（註釋：《魔笛》：奧地利作曲家莫扎特創作的著名歌劇。）這部怪誕，卻意蘊深遠的象形文字般的作品的主旨所在。粗獷的音樂線條和舞台裝飾將這一主旨象徵性地表達了出來。這部歌劇如果以塔米諾想要占有塔米娜的願望消退，而要求進入並最終進入了智慧的殿堂來結尾的話，那麼對這一主旨的表達就更加完美了。相較而言，帕帕堅諾——塔米諾必不可少的陪襯者——得到了他的帕帕堅娜卻是合理的。傑出而高貴的人用不了多久就能領悟命運的教誨，對命運表示順從並且充滿感激之情。他們懂得：我從這個世界中所能得到的並非幸福，而只是教誨而已。所以，對於用希望換取思想和認識他們已經習慣並且滿足。

最後，他們和詩人彼特拉克㊺一起這樣說：「我所能感覺到的快樂只有學問，此外別無其他。」哪怕他們也會在某種程度上追求慾望和渴望，受制於它們，但實際上只是逢場作戲的玩笑而已。實際上，他們內心深處真正渴求的只有思想教誨。他們由此獲得了深沉的、智慧的、高貴的氣質。從這一層面上來說，這與煉金術師的經歷相似：在對金子的尋找過程中，他們卻發現了火藥、瓷器、醫藥，甚至大自然的規律。

㊺ 彼特拉克（1304—1374）：意大利詩人，人文主義先驅之一。

第二部分・如何律己

第四節

那些建築物的修建工人並不知曉這棟建築的整體規劃；或者他們並不會時刻惦記著這一規劃。與此相同，一個人在過生命中的每一天、每一小時的時候，也並不瞭解自己生命的整體進程和特徵。如果一個人越是做出了獨特、價值的修改，他就越需要時刻瞭解自己生命的總體進程和自我計劃，這對他大有裨益。爲了這一目標，他首先要做的就是「認識你自己」㊻，也就是搞清楚自己第一重要的眞正的意願——對他的幸福來說這是十分重要的；接下來也要搞清楚第二重要和第三重要的東西。與此同時，他也需要大概清楚自己應該從事什麼樣的職業、需要扮演怎樣的角色以及自己和世界的關係如何。對於一個擁有傑出個性的人來說，大致地瞭解自己的生命計劃，能夠最有效地增加自己的勇氣，鼓舞、激勵自己開始行動，走上正確的道路。

就像當一個旅行者到達了一定的高度之後，才能回過頭來完整、聯貫地看到自己曾經走過的

㊻ 刻在德爾斐的阿波羅神廟上的格言。

曲折道路，與此相同，只有我們已經度過了一定的生命時光，甚至在我們的生命快要結束的時候，才能將我們的所作所爲，創造的功業或作品聯繫到一起，包括其中正確的因果關係，甚至這時才能懂得它們的價值。

只要我們仍然身處其中，我們的行爲就不得不遵循我們業已形成、無法改變的性格，並且受到動機的影響和自我能力的限制。因此，我們的行爲始終是必然的，每時每刻我們所做的事情都是當下我們認爲正確的合理的事。只有之後產生的結果才能讓我們明白事情的眞相；我們只有在整體回顧這件事時，才能夠清楚事情是什麼樣的，以及原因是什麼。

所以，當我們正埋首於偉大的事業或不朽著作時，也許自己對這一點並沒有清晰的認識，我們認爲這些工作只是爲了完成當時的目標和計劃而已，它們是當時該做的合理的事。只有把整個生命串聯到一起的時候，我們的性格和能力才會將自己的本色展現出來。

我們會發現：在遇到某件具體事情時，我們在自己的守護神的指引之下，從各種紛亂的岔路中選擇出了那一條正確的路，彷彿靈感乍現一般。這種情況不僅存在於理論上，也存在於現實中。反過來，這一道理也適用於那些我們所做的沒有價值的事，和失敗了的事。我們很少能當下就認識到此時此刻的重要性，而是要等到很久之後才能認識到。

第五節

人生的智慧至關重要的一點就是在著眼現在和放眼未來之間取得適當的平衡，只有這樣現在和未來才不會發生衝突。很多人對現在過於痴迷，他們通常知足常樂，隨心所欲；有的人則過於擔憂未來，他們則小心翼翼，滿面愁容。很少有人能夠將兩者之間的關係把握在一個恰當的尺度上。那些爲了希望和未來而努力生活的人一直盯著前方，焦急地等待著即將到來的事情，好像未來的事才能使他得到眞正的幸福。

在這一過程中，他們對「現在」視而不見，毫不在意，任憑當前的時光匆匆溜走。雖然這些人看上去好像很精明，但實際上卻和一種意大利的驢子差不多：人們在驢的頭上插一根棍子，棍子上繫著一捆乾草，這樣就可以讓驢子走得更快，因爲驢子看到了眼前的乾草，總想走快一些去搆到它。

上面所說的那種人一輩子都在自欺欺人，因爲直到生命結束，他們都只是活在暫時中罷了。我們既不應該總爲將來考慮和打算，也不應該沉浸在對過去的回憶中。永遠都要記住：現在才是唯一眞實和確定的；相較而言，將來的發展總會與我們的預期有所出入，就連過去也和我們的記憶有所不同。

總而言之，無論是將來還是過去，都沒有看上去那麼重要。相隔較遠的距離，物體在視覺中就變小了，而在頭腦和思想中卻變大了。只有現在是眞實的和確定的，現在的時間包含著現實的內容，我們的存在僅僅在這一時間。

所以，我們應當快樂地迎接當下，有意識地去享受每一段沒有直接煩惱和痛苦因而勉強可以忍受的短暫時光，亦即，不要因爲以前的希望沒有達成而導致現在的不快，也不要爲了將來憂心而破壞了現在的心境。對過去的悔恨和對將來的擔憂，讓我們將現在的美好時光拒之門外，或者糟蹋了它，這是非常愚蠢的。某些特定時刻可以用來後悔過去和擔憂未來，但當這種時刻過去之後，我們對待已經發生的事情就應該這樣看待——

不管多麼悲痛的事，我們都必須讓過去的過去，
也許很難做到，但我們必須控制自己頑劣的內心。

——荷馬

而將來之事則——

由上帝來安排。

——《伊利亞德》

我們應該——

把每一天都看作一段特別的時光。

——塞尼加

值得我們擔心的只有那些必然會發生的不幸——發生時間已經確定了的不幸。然而，這類不幸是非常少的，因爲未來的不幸或者有很大可能發生，或者必然會發生，但發生的時間卻是無法確定的。要是我們任憑自己被這兩類不幸所控制，那我們就永無寧日了。爲了使我們生活中的安寧不被併不一定會發生，或者不確定什麼時候會發生的不幸破壞，我們必須習慣於認爲第一種不幸永遠不會發生，而第二種不幸短期內不會發生。

然而，擔心害怕對我們的安寧的干擾越少，這安寧就越容易受到願望、意欲和期待的刺激。歌德那句美妙的詩「我從來不寄希望於任何事情」——實際上是說：人只有擺脫了各種期望的可能性，回到赤裸、冰冷的存在本身，才能夠體會到精神安寧，而這正是構成幸福的基礎。

一個人如果想要享受現在，以致於享受整個人生，精神安寧是不可或缺的。爲了達到這個目的，我們應該銘記今天只有一次，永遠不能重來。然而我們卻想像，今天又會在明天再現。實際上，明天是另外一天，也只出現一次。

我們忽略了每一天都是生命中不可或缺的、無可取代的組成部分；而只是把一天當作生命的概念之下包含的東西，就像一個集合概念之下包含的單個事物一樣。我們在遭受病痛、困頓時，每每想起以前未遭受疾病和苦痛的時光就會突然生出羨慕之情——那些美好的時光就像我們沒有珍惜的朋友，就像已經失去的天堂。

當我們健康、快樂時，就應該銘記這樣的時刻，這會使我們對現在的好時光更加珍惜，更加懂得享受。但是，這些美好的日子總是被我們不經意地度過了，只有當不幸眞的到來時，我們才會懷念和渴望那些逝去的美好時光。

我們滿臉愁容，很多快樂的日子還沒有來得及細細地品味就過去了，直到後來生活變得艱難、愁苦的時候，我們才徒勞無功地悲嘆那些消逝的好時光。我們不能這樣做，而是應該對每一個能夠忍受的現在備加珍惜，包括那些我們忽略掉的最平淡的、任由它過去，甚至想要趕快打發的日子。我們時刻都不能忘記：這一刻的時光瞬間轉變成了過去，從此，它就在我們的記憶中封存，閃耀著永恆的光芒。等到將來，特別是那些痛苦煎熬的日子來臨時，我們的記憶之幕就會拉起：這一刻的時光就成了我們內心嚮往和懷念的對象。

第六節

一切侷限和限制都對我們的幸福的增加有好處。我們的目光所及、活動範圍和接觸的圈子越小，我們就越幸福；反之，我們就會感受到更多的焦慮和擔憂。因為當範圍擴大時，我們的意欲、恐懼和擔憂也會增多。因此，就連盲人也沒有他們表現出的那麼不幸，他們臉上那柔和、近乎愉悅的寧靜神情可以證明這一點。而且一定程度上因為這一規則，我們的後半生要比前半生更為痛苦悲慘。因為在我們的生命進程中，我們的社會關係和目標總是在不斷地發展。

兒童時期，我們只侷限在周圍的環境和有限的關係中。青年時期，我們的視野擴大了很多；成年時期，我們的視野擴展到了個人的整個生命歷程，甚至最遙遠的聯繫以及其他國家和民族；老年時期，我們的目光又投向了下一代人。

所有侷限和限制——甚至精神層面的——都對我們的幸福有所增益。這是因為我們的痛苦程度與意欲受到的刺激程度是成正比的。我們清楚，痛苦具有肯定性質，而幸福則具有純粹否定的性質。我們意欲的內在動因可以通過限制活動範圍來消除，而內在動因則可以通過精神上的制約來消除。然而，精神制約還有一樣缺陷：它爲許多無聊的人敞開了大門，而無聊會間接導致人們的痛苦。

人們爲了逃避無聊，使用了娛樂、社交、奢侈、賭博、酗酒等各種手段，然而人們從中獲得的只有各種類型的懊惱、苦惱和破財。「人在無所事事時，是很難保持平靜的。」相較而言，對於幸福的提升來說，儘可能地從外在限制是很有幫助，甚至必不可少的。

以下這個例子可以作爲對這一點的證明：田園詩歌——唯一將人的幸福作爲描繪重點的詩歌——主要並且總是將那些在狹小的環境中過著樸素生活的人作爲表現對象。我們之所以在欣賞那些風俗畫時會感到快樂，也是因爲這一點。

所以，我們應該儘可能追求簡單的關係，甚至單調的生活，只要不會導致無聊，就會對我們幸福感的提升大有好處，因爲這樣做就能讓我們更少地感覺到生活，從而更少地感覺到生活的重負，因爲它是生活的本質。這樣一來，生活就會像一條不起波瀾、沒有漣漪的平靜小溪一樣流淌。

第七節

我們的意識內涵從根本上決定了我們感受到的是快樂還是痛苦。一般來說，對擁有思想能力的人來說，單純的思想智力活動爲他們帶來的快樂要比現實生活更多；現實生活中的成敗總是無法確定的，由此就導致內心的動搖和精神上的痛苦。誠然，必須具有傑出的精神能力才能夠從事純粹的精神活動。不過，需要注意，就像爲外在生活奔忙會打擾我們的研究工作，剝奪精神生活必不可少的安寧和專注一樣，長期進行精神活動也會反過來使我們應付嘈雜、繁複的現實生活的能力降低。所以，每隔一段時間，我們可以暫停精神生活，這對我們應對現實生活有所裨益。

第八節

想要深思熟慮地生活，而且通過生活經驗獲得教益，我們就必須經常反省自身，常常回顧那些做過的事和感受和體驗到的東西；除此之外，還應該在我們以前對某件事的看法和現在的看法之間，過去制訂的計劃、追求和最後獲得的結果、滿足之間進行比較。這是爲了得到人生經驗而進行的反覆練習。如果把一個人的生活經歷比作一本書的正文，那麼對生活經歷的認識和品讀則是正文的註釋。如果一個人反省過多，經歷卻過少，那麼就像兩行正文之下加了四十行註釋。如果一個人經歷過多，而反省過少，也沒有獲得什麼認識，那麼就像比邦迪那版叢書一樣——什麼註釋都沒有，因此正文都難以理解。

畢達哥拉斯總結出來的規律與我此處的建議是一樣的：每天晚上睡覺之前，每個人都應該對自己一天的行爲逐一進行仔細的檢查。一個人如果沉迷於世俗事物或放縱在感官享樂之中，只是隨心所欲地生活，從不回顧已經過去的事，那麼他對生活就沒有詳細、清楚的思考，他的感情是混亂的，思想也在某種程度上雜亂無章。這些可以從他說出的詞句都是短小、零碎、突兀的這一點得到證明。一個人外在越是騷動、表現出的越多，他的內在精神活動越少，那麼這種情況就會表現得更加明顯。

需要指出的是，雖然一些事情和情境在當時對我們有影響，但很久以後，或者時過境遷之後，我們就再也想不起當時被這些事情和情境所激發出的情緒和感覺了；但是那些對這些事情和情境產生的看法和意見卻記憶猶新。後者是當時的事情和情況的結果和表述，是對那些事情和情境進行測量的標準。所以，我們應該小心翼翼地將那些值得回味的時刻記錄和保存下來。記日記會對此大有裨益。

第九節

幸福最重要的構成部分就是——能夠自得其樂，認爲自己已經擁有了世間的一切，並且可以這樣說：我的擁有就在我自身。所以，亞里士多德說過一句耐人尋味的話：幸福屬於容易滿足的人（尚福爾也說過具有同樣思想的妙語，我已將它放在本書的開篇）。原因之一就是人有確切把握依靠的只有自身，而不是他人；另一個原因則是人在社會中會遇到無數的不可避免的困難、不變、煩惱和危險。

用尋歡作樂的生活方式追求幸福是非常錯誤的，因爲這樣做是企圖將悲慘的人生轉變爲連續的歡愉、快樂和享受。如果這樣做，很快就會感受到幻滅；與此相伴的還有人們的互相欺騙。

互相遷就和忍讓，是社交生活對生活在其中的人群的首要要求；所以，聚會場合越盛大，就越容易變得無聊。一個人只有在獨處時，他才能完全做自己。一個不喜歡獨處的人，是對自由缺乏熱愛的人，因爲一個人只有獨處時才能獲得自由。社交聚會中的拘束、干擾無法避免。它要求人們做出犧牲，一個人的個性越是獨特，讓他做出這樣的犧牲就越難。所以，一個人具備的自身價值決定了他是逃避獨處還是喜歡獨處。因爲一個人在獨處時，如果他是一個可憐的人，就會意識到自己的全部可憐之處，而如果他具有豐富的思想，就能感受到自己思想的豐富性。

總而言之，一個人只能感受到他自身。更進一步說，一個人孤單的程度與他在大自然中所處的級別位置是成正比的，這是根本的和必然的。如果一個人身體和精神的孤獨程度相同，這對他來說反而更好。不然的話，經常與和自己不一樣的人打交道會擾亂心智，並且喪失自我，而且他做出的犧牲無法得到任何補償。

大自然使人和人之間的道德和智力水平有著很大的差異，但是社會卻看不到這些差異，用同樣的方式對待每一個人。甚至，大自然賦予的差異被社會地位和等級造成的人爲差異取而代之，這兩者常常南轅北轍。由於社會生活的這種安排，一些被大自然薄待的人得到了良好的位置，而一些被大自然寵愛的人的位置卻降低了。所以，後一種人總是拒絕出現在社交場合。任何社交場合一旦聚集了很多人，平庸就會占據了上風。

擁有傑出才智的人之所以會被社交聚會傷害，原因就在於社交場合中每個人的權利都是一樣的，因此人們對所有事情都提出了同等的要求，雖然他們之間存在著巨大的才智差異。於是就導致：人們都希望別人認爲自己在社會上做出的成績和貢獻都是同等的。唯獨一個人在精神思想方面的優勢是不被所謂的上流社會所承認的，甚至會受到抵制，而其他方面的優勢卻會被承認。

在社會的束縛之下，我們必須長久地忍受愚蠢、呆笨和反常，而具有卓越個性的人卻要請求別人原諒自己；抑或，必須隱藏自己的不凡之處，因爲卓越的精神思想的存在本身就使他人感到受到了冒犯，雖然這並非出自它的本意。

所以，所謂的「上流」社會的社交活動，它的缺點並不僅僅是介紹給我們一些我們根本不會像喜歡和稱讚的人，而且還不讓我們以自己與生俱來的樣子表現本色；反之，它迫使我們扭曲、萎縮自己而迎合他人。只有在由思想豐富的人組成的聚會中才能找到有深度的交談和充滿思想的話語。在平庸的社交場合中，充滿思想的交談是被厭惡的。因此，在這種聚會中必須把自己變得平庸和狹隘才能取悅他人。所以，我們不得不將大部分的自我都拋棄才能變得和其他人一樣，並且與他們相投契。

誠然，我們通過這樣的犧牲獲取了他人的好感。但一個人的價值越高，他這麼做就越不值得，甚至是賠本的。我們的犧牲根本得不到他人的償還；他們把無聊、煩悶、不快和自我否定都一股腦兒塞給我們，但卻無力做出任何補償。這就是大多數社交聚會的實質。而通過告別這種聚會換回獨處，是一樁精明的買賣。

此外，因爲社交聚會中不歡迎眞正的精神思想的優勢，而且也確實少有，爲了取代他，人們就把一種世俗的、虛假的、其建立原則非常隨意的東西視爲某種優勢——它是高級社交圈子中流傳深遠的傳統，像暗語一樣可以任意更改。這就是所謂的時尚或時髦。但是，如果這種優勢和人的眞正優勢相遇，它的弱點立刻就顯現了出來。而且——「時髦出現時，常識就離開了」。

一般來說，一個人所能達到的最完美的和諧關係只能在自我中尋找，而並非與朋友或配偶之間，原因在於每個人都有不同的個性和脾氣，這必定會造成不協調，哪怕是微小的不協調。所以，只有一個人在獨處的時候才能感受到徹底的、眞正的內省平和與安寧——這是世界上僅次於健康的恩賜；而只有深居簡出才能長期保持這樣的狀態。所以，誰要是自身偉大而豐富，誰就能享受在這貧乏的世界上所能獲得的最大的幸福。

的確，我們可以下這樣的結論：人們被友誼、愛情和榮譽緊密地聯繫在一起，但根本上人只能將希望寄予自身，或者最多寄予自己的孩子。在主觀或者客觀的條件下，一個人越不需要和人們交往，他的生活就會越幸福。雖然我們不能一下子感覺到孤獨的缺點，但也可以看得清楚；相較而言，社交生活的缺點卻隱藏得很深：娛樂、閒聊和其他社交樂趣，都暗含巨大的、無法彌補的災禍。

青年人首先需要學習的就是忍受孤獨，因爲幸福和安樂就是從孤獨中產生的。從此得出，處境最好的人就是那些只依賴自己，能從萬物中感悟自身的人。因此，西塞羅曾說：「如果一個人完全依賴自己，所有屬於他的東西都存在於他自身，那麼他不可能不幸福。」

此外，一個人的自身越豐富，別人能夠給予他的就貧乏。那些具有豐富的內在價值的人正是因爲擁有這種自身充足的感覺，所以不願意通過必要的、明顯的犧牲而換取與他人的交往；讓他們主動追求這種交往而否定自我更是不可能的。相較而言，那些平庸之輩由於自身內在貧乏，所以喜歡和他人交往並且遷就對方。原因在於比起讓別人忍受他們來說，他們忍受別人要更容易。

除此之外，這個世界上具有眞正價值的東西往往會被人們忽視，而人們關注的東西通常沒什麼價值。上述事實可以從其產生的這個結果得到證明：任何一個傑出的、具有較高價值的人都寧可引退歸隱。因此，如果一個具有自身價值的人，懂得儘可能將自己的需求縮小從而將自己的自由擴大並延續，儘可能減少與其他人打交道——因爲生在世上是不可能完全不與其他人接觸的，那麼他就具備了眞正的人生智慧。

由於人們無法忍受孤獨——其實是在孤獨中無法忍受自己，所以人們迫切地進行社會交往。人們內心的煩悶和空虛使他們熱情地投身於社交和外出旅行中。他們的精神缺少彈性，無法自發活動；所以，他們就用喝酒來刺激精神，很多人因此成了酒鬼。與此相同，他們需要從外部獲得不間斷的刺激——或者更確切地說，只有與同類的交往才能使他們獲得最強的刺激。如果這種刺激消失，他們的精神思想就會不堪重負，最後落得渾渾噩噩的悲慘下場。也可以這樣說：這種人各自只具有一小部分的人性理念。所以，他們需要其他人進行塡充，才能獲得某種程度上的完整意識。

相較而言，一個典型的完整的人是一個獨立的統一體，而非這統一體中的一小部分。所以，這個人的自身是足夠完備的。從這一角度看來，那些平庸之輩就像俄羅斯獸角樂器一樣，每隻獸角只能演奏一個音符，必須把需要的獸角組合在一起才能演奏樂曲。芸芸衆生的精神氣質十分單調、貧乏，就像這種只能演奏單音的獸角樂器一樣。的確，很多人一生中只有某種固定不變的觀點，此外他就無力產生其他想法了。

從這一點可以明白，人爲什麼會如此無聊，以及他們爲什麼對社交那麼充滿熱情，尤其喜歡群體性活動。這就是人類的群居特性。人們由於個性單調而無法忍受自己，「愚人為其愚蠢所累」。人們只有聚集在一起，才能夠做成什麼事。這與俄羅斯獸角樂器必須組合起來才能奏樂的道理相同。然而，一個思想豐富的人卻好比一個能夠獨自演奏音樂的樂手；或者可以比作一架鋼琴。鋼琴自己就是一個小型樂隊。

與之相同，這樣的人自己就是一個小型世界。與其他人需要互相補充不同，這類人自己的頭腦意識本身就是一個統一體。與鋼琴相同，它並非交響樂隊中的組成部分，而更適合進行獨奏。就算它需要和別人一起演奏，那它也像樂隊中的鋼琴一樣演奏主音，或者為樂曲奠定基調，其他樂器則是伴奏。喜愛社交的人可以從我的比喻中得出這個結論：與之交往的對象如果質量不夠，那麼就需要用數量來進行彌補。

一個具有思想的同伴就足夠了，但是如果只能找到平庸的人的話，那麼把這些人都湊成一定的數量也可以，因為這些人可以互相補充彼此之間的差異——還是可以用獸角樂器進行比喻——那麼我們還是能夠收穫一些東西。願上天賜予我們耐心！因為同樣的原因，當更優秀的人為了一些高貴的理想而聚集在一起時，總會出現這樣的情況：為數眾多的內心貧乏而空虛的人之中——他們就像無所不在、遍佈甚廣的細菌一樣，時刻準備抓住能夠驅趕無聊的機會——總有一些人混入或者闖入這類團體中。不用多久，這個團體或者被破壞，或者變得面目全非，違背了這一團體成立時的初衷。

此外，可以把人們的群居生活看作相互之間的精神取暖，就像人們在隆冬時節擠在一起用身體取暖一樣。但是，那些自己具有傑出的思想熱度的人無須和他人擠在一起。我在《附錄和補遺》第二卷最後一章中寫了一個表達這一觀點的寓言。一個人的精神思想價值越高，他就越不喜歡和別人交往，反之亦然。總而言之，如果說一個人「不喜歡社交」，就幾乎等於說「他具有偉大的素質」。

一個具有卓越精神稟賦的人能夠從孤獨中得到兩樣好處：第一，他可以跟自己做伴；第二，他無須和別人打交道。第二點好處尤其珍貴，特別是當我們知道社交所帶來的約束、煩擾甚至危險。拉布葉曾說：「我們遭到的所有不幸都是由我們無法獨處導致的。」喜愛與他人打交道是很危險的，因爲和我們交往的人大多數缺乏道德、愚笨或者不正常。不喜歡社交實際上就是不喜歡這些人。如果一個人的內在是豐富的，因此無須與他人打交道，那的確是很幸福的；絕大部分不幸都是社交導致的，社交隨時都會破壞我們平靜的心境——對我們的幸福來說，它是排在健康之後第二重要的。只有充足的獨處生活，才能使我們獲得平靜的心境。犬儒學派哲學家爲了享受平和心境帶來的快樂而放棄了自己的財產和物品。如果一個人因爲同樣的原因而放棄社交，那麼他的選擇就再明智不過了。

柏那登・德・聖比埃曾說過一句非常有道理的妙語：「節制社交活動能讓我們的心靈平靜。」所以，如果一個人早年間就習慣並且喜愛獨處，那麼他就等於得到了一座金礦。誠然，並非人人都能做到這一點。就像人們最初爲了逃避匱乏而聚集起來一樣，匱乏消失之後，人們又會爲了逃避無聊而聚在一起。要是沒有感到匱乏和無聊的話，人們也許就會獨處，雖然人們這樣做只是因爲人人都認爲自己很重要，是獨一無二的，而對有這樣自我評價的人來說獨自生活是很合適的；因爲在嘈雜、擁擠的人群中生活，會讓人感到處處受限，步履維艱，對自己的重要性和獨特性的評價也就降低了。從這一角度來看，甚至可以說獨處是適合任何人的最自然的生活狀態：在這種生活狀態中，每個人都像亞當一樣，能夠享受最初的、符合自身本性的幸福歡愉。

但是，亞當是沒有父母的！因此，從另一個角度來看，對於人來說獨處又並不自然，當一個人降臨人世時，他至少發現自己並非孤身一人。他有父母、兄弟、姐妹，所以他屬於一個群體。因此，熱衷獨處並不是人的原本意願，而是體驗和思考過後做出的選擇；而且，隨著我們精神能力的發展和年齡的增長，我們會越來越喜歡獨處。因此，通常來說，一個人的年齡越大，他對社會交往的渴望程度就越低。

年幼的孩子自己單獨待很短的時間就會害怕而痛苦地大哭起來。而對一個男孩最嚴厲的懲罰就是讓他獨處。青年人很喜歡聚在一起，只有一些具有高貴氣質的青年人才會偶爾嘗試獨處，但是要讓他獨處一整天也是很不容易的。而成年人卻更容易一些，能夠單獨待比較長的時間；而且，隨著年齡的增長，他獨處的能力也就越強。最後，年過古稀的人或者已經不再需要生活中的歡愉，或者非常淡漠，他的同輩人都已經離開了，對於這種老年人來說，獨處正是他們需要的。但是對於個人來說，他的精神價值直接決定了他孤獨、離群的傾向。

如上所述，這種傾向並非完全是我們自然的、直接的需要，而是通過生活經歷以及對這些經驗進行思考後做出的選擇，是在認識到大部分人在思想和道德方面的本質是可悲的之後才產生的。對於我們來說，最不幸的就是發現在人們身上，道德和智力方面同時具有缺陷，這樣就會導致各種各樣令人不悅的情況，這也就是我們在與大部分人打交道時會感到不悅，甚至難以忍受的原因。所以，雖然世界上有很多糟糕的東西，但最糟糕的就是社交聚會。就連善於交際的法國人伏爾泰也承認：「實際上到處都是不值得我們與之交談的人。」有著溫和的性格的彼特拉克執著、強烈地熱愛著孤獨，他爲自己的這種喜好做出的解釋也與此類似——

我總是追求孤獨的生活
河流、田野和森林可以告訴你們，
我想要遠離那些卑微、混沌的靈魂

我無法通過他們找到光明之路。

彼特拉克在他的《論孤獨的生活》中，優美地對獨處進行了詳細論述。他的書可能是效仿辛瑪曼那本著名的《論孤獨》。尚福爾以他慣用的諷刺口吻對人之所以不喜歡與他人打交道的間接和次要原因進行了論述。他認為：人們在討論一個獨處的人時，有時候會說他不喜歡與人打交道，這麼說就好比一個人不喜歡在邦地森林㊼走夜路，人們就說他不喜歡散步一樣。溫柔的基督教徒安吉奴斯㊽也用獨特的神祕語言表達了同樣的意思——

希律王是敵人，在約瑟夫的夢中

上帝讓他得知存在危險。

伯利恆是俗世，埃及則是孤獨之所。

逃離吧，我的靈魂！不然等待著你的就是痛苦和死亡。

㊼ 邦地森林：巴黎市郊一小片充滿危險的森林。

㊽ 安吉奴斯（1624—1677）：波蘭天主教神祕主義詩人。

布洛諾也表達了相似的觀點：「世界上所有想擁有神聖生活的人，都這樣說道：啊，我要去向遠方，居住在野外。」波斯詩人薩迪這樣說：「從此以後，我和人群說再見，選擇了獨處的生活，因爲只有獨處的人才有安全。」他這樣描述自己：「我對那些大馬士革的朋友感到厭煩，我隱居在耶路撒冷周邊的沙漠中，與動物做伴。」

總而言之，普羅米修斯用更好的泥土造成的那些人都有著同樣的觀點。這些傑出、卓越的人和其他人之間的共同點只存在於人性中最醜惡、最卑劣，也就是最庸俗渺小的部分；後一類人集合起來形成了群體，由於他們自己缺少低到前者的高度的能力，所以他們僅剩的選擇就是將優秀的人拉低到自己的水平。他們最渴望這樣做。請問，和這些人打交道怎麼會感到開心和愉快呢？所以，只有高貴的氣質和情感才會使人熱愛孤獨。而無賴都喜歡社交，他們確實可憐。

相較而言，一個人不能從與他人的社交活動中獲得快樂，寧可孤身一人也不想和他人做伴，這正體現出他高貴的本性。隨著歲月的流逝，他會得出以下觀點：世界上，除了極少的特例以外，我們的選擇實際上只有兩個：要麼孤獨，要麼庸俗。雖然這句話讓人聽了不太舒服，但是安吉奴斯——雖然他擁有基督徒的愛意和溫柔——還是得說——

孤獨是痛苦的；

但那也不要庸俗；
因爲這樣一來你就會發現
到處都是沙漠。

那些具有偉大精神的人——這些人是眞正的人類導師——不喜歡和他人過多地交往是很正常的，就像校長和教育家不喜歡和吵嚷的孩子們一塊玩耍是一樣的。這些人降生於世的時候就承擔起了一個重要的任務，那就是指引人們渡過謬誤之海，進入眞理的福地。這些人將人類拉出了野蠻和庸俗的黑暗深淵，使他們沐浴在文明和教化的光芒之下。

誠然，他們也必須在世俗男女之中生活，但實際上卻並不屬於這些凡俗之人。他們很早就察覺到自己與別人之間有著明顯的差異，但是只有隨著時間的流逝才慢慢對自己的處境有了越來越清楚的認識。他們在精神上本來就與人群有著距離，如今他們又有意識拉開身體上的距離；除了那些不屬於凡夫俗子的人，其他任何人都不能靠近他們。

從此可以看出，熱愛孤獨並非人原本的意願，它的形成不是直接的，而是間接的，主要是在具有高貴精神思想的人那裡逐漸形成的。形成的過程中不得不壓制住與生俱來的、想要與人接觸的意願，還要與魔鬼梅菲斯特的低聲建議做鬥爭——

不要再撫慰你的痛苦了，
它就像一隻惡鷹一樣噬咬你的胸膛！

具有卓越精神的人命中注定是孤獨的：他們有時候會對自己的這種命運發出感嘆，但是在權衡了兩種害處之後選擇了害處較小的孤獨。隨著年齡的增長，也越來越容易做到「讓自己遵循理性」。當一個人年過六十之後，他就會很自然地追求孤獨，甚至已經成了一種本能，因為在這個年紀，所有東西都集合在一起促成了對孤獨的渴望。對社交的熱愛，也就是對女性的喜愛和性慾都已經平息下來了。

實際上，老年時期沒有性慾的狀態是人到達無慾無求的狀態的基礎；而無慾無求的狀態會逐漸使人失去對社交的興趣。我們拋棄了各種各樣的幻想和蠢行；這時生活也不再活躍和忙碌。既沒有什麼東西值得期待，也不會有什麼計劃和目標。和我們同一輩的人大多已經逝去，圍繞我們的都是陌生的新生代，我們客觀上成了真正的孤零零的人。

時間以越來越快的速度流逝，我們更想用此刻的時間用來思想。因為只要我們的頭腦仍然精力充足，那麼我們積累下來的豐富的知識和經驗，逐漸完善的思想觀點，和我們運用自身能力的高超技巧等等，都使我們在研究事物時比以前更加輕鬆有趣。許多以前朦朦朧朧的東西，現在都被我們看透了；很多事情都眞相大白了，我們感覺到自己具有了某種透徹的優勢。閱歷的豐富性讓我們學會不再過多地期待他人，因爲總體而言，我們在對大多數人深入瞭解之後，就會發現他們都不值得我們喜歡和誇讚。反之，我們懂得，除了一些極少的幸運的特例之外，我們遇到的人只能都是人性缺陷的標本，此外什麼都不是。我們最好對這類人敬而遠之。

所以，我們不會再被生活中經常出現的幻象所迷惑。從一個人的外在我們就能對他的爲人進行判斷；我們不會想更深入地與他們接觸。最終，和他人保持距離，獨自生活的習慣就成了我們的第二天性，特別是當我們在青年時代就已經喜歡與孤獨爲伴。所以，對獨處的喜愛成了最最簡單自然的事。但是，在此之前，獨處卻必須與社交衝動展開一番鬥爭。在獨處生活中，我們怡然自得。因此，所有傑出的人——因爲他的傑出，所以不得不孑然一身存在於庸人之中——在青年時代一定都因爲孤獨而感到壓抑，但是年老之後，他就可以放鬆下來了。

誠然，一個人的思想智力水平決定了他享受老年所帶來的好處的程度。所以，雖然人人都能在某種程度上享受老年帶來的益處，但只有具有卓越精神的人才能最好地享受老年時光。而那些在老年時代仍然和青年時代一樣熱衷於世俗人群的人，都是智力和素質低劣而平庸的人。在那個已經不再適合他們的青年群體中，他們顯得囉唆煩人；他們所能做到的最好程度也就是讓別人能夠容忍他們而已。但在此之前，他們可是很受歡迎的。

我們的年齡越高，對社交的熱衷程度就越低——我們可以在這一點上發現哲學上的目的論所產生的作用。一個人年紀越小，他就越需要學習各個方面的知識。於是，大自然使得年輕人之間有了互相學習的機會。人們在與自己類似的人打交道的時候，就是在互相學習。在這個意義上，可以把人類社會比作一個龐大的貝爾·蘭卡斯特模式的教育機構。通常情況下，學校和書本教育是人爲的，因爲這些內容與大自然的規劃相去甚遠。因此，一個人年紀越輕，就越對大自然的學校感興趣——這與大自然的目的相符合。

就像賀拉斯說的：「完美無瑕在這世界上是根本不存在的。」印度有一句諺語：「沒有一朵蓮花沒有莖柄。」因此，雖然獨處益處多多，但也帶來了一些小麻煩和不便。但是，與和他人共處帶來的害處相比，這些麻煩和不便並不那麼要緊。

所以，如果一個人具有眞正的內在價值，那麼他一定會發覺獨自生活要比與他人共處更輕鬆自在。然而，在獨處的衆多不便之中，有一個壞處卻容易被我們忽略：就像長期待在屋裡會讓我們的身體對外界的影響變得十分敏感，一絲冷風就能讓我們生病一樣，長期孤身獨處會讓我們的情緒變得非常敏感，一些無足掛齒的小事、言語，甚至他人的一個眼神或表情，都會讓我們感到難過和痛苦。相較而言，如果一個人忙於繁雜的生活，那麼那些微不足道的事情就不會引起他的注意。

要是一個人由於某些理由而厭惡他人，並因爲畏懼而選擇獨居，那麼他是無法長期忍受獨居的壞處的，特別是在青年時代。對於這類人我給出的建議是可以培養以下習慣：帶著一部分孤獨走進社會人群中，學會在人群中保留一份孤獨。爲了做到這一點，他要學會不要把自己的想法立刻跟別人說；此外，也不要對他人的話語過於認眞。他要減少對他人的期待，不論是在道德方面還是在思想方面。他應該用淡然、冷漠的態度對待他人的看法，因爲這是最有用的培養令人稱讚的寬容的方法。

就算在人群中生活，他也可以讓自己不完全融入其中；他應該與人群建立一種儘可能客觀的聯繫。這就讓他和衆人的聯繫不會過於緊密，從而使自己不會受到他人的侮辱和中傷。莫拉丹在他的喜劇作品《咖啡廳，或新喜劇》中對這種節制的社交方式進行了戲劇描寫，特別體現在第一幕第二景中對D·佩德羅的性格描繪中。由此看來，社會人群就像火堆一樣，聰明人會在與火堆隔著一定的距離來取暖，而蠢笨的人則會離火堆過近；後者在被火堆燒傷後，就一下子躲到寒冷的孤獨之中，對那灼熱的火焰怨聲連連。

第十節

人類的嫉妒之情是自然存在的，但它也是罪惡和不幸。所以，它可以被看作是破壞我們幸福的惡魔，我們應該像對待敵人一樣將之消滅。塞尼加用那美妙的句子告訴我們：「如果不和別人相比，我們就會因爲我們已經得到的東西而高興；如果因爲別人要比我們更幸運而不平衡，那我們就永遠都不會開心。」此外，「如果你發現有許多人生活比你幸福，那你就想想有多少人比你的情況還要慘吧。」

因此，我們應該多想想那些過得比我們還慘的人，因爲那些比我們過得更好的人只是看上去如此罷了。甚至當大難臨頭時，最好的自我安慰——雖然這和嫉妒的來源相同——就是想一想那些遭遇了更大不幸的人，此外就是要和那些與我們境遇相同，也就是同病相憐的人多打交道。

關於嫉妒的主動性就說到這裡。至於嫉妒的被動性，我們時刻都不能忘記：在各種恨意中，嫉妒是最難以消除的。所以，我們絕對不能持續地讓它受到劇烈刺激；反之，最好的做法就是放棄對於這種快感的享受，就像放棄其他很多快感一樣，從而使我們避免遭受它所帶來的結果。世界上有三種類型的貴族：第一類是出身和地位決定的貴族；第二類是金錢財富決定的貴族；第三類則是精神思想決定的貴族。最後一類是眞正高貴的人；只要有足夠的時間，他們的高貴就會被人們承認。

腓特烈大帝曾說過：「擁有卓越靈魂的人和帝王有著同等的地位。」他還對內廷總監說過此類話，因爲看到部長大臣和元帥、內廷總監同桌吃飯，而伏爾泰卻和國王和王子坐在一起，內廷總監感到十分不滿。有很多充滿嫉妒的人聚集在這三類貴族周圍，他們都是因爲別人的尊貴而自私感到內心痛苦的人。如果他們再也無須懼怕這些尊貴的人，那他們會想盡各種方式告訴這些尊貴者：「你們比我們也強不了多少！」

然而，他們的這種做法卻正顯露出了一個事實：他們的眞實想法其實與他們的話正相反。容易受到他人嫉妒的人應該採用這種方法，那就是遠離善妒者，儘可能不和他們打交道，在彼此之間挖出一條巨大的鴻溝。如果做不到這點的話，那麼最好儘可能以鎭定自若的態度應對嫉妒者的攻擊，因爲使嫉妒者進行攻擊的原因正好能夠與他們的攻擊相抵消，這也是比較實用的應對方式。而在三類貴族之間卻並不存在嫉妒的情況，能夠和平共處，原因在於他們各自擁有的優勢可以彼此平衡。

第十一節

我們在實施某項計劃之前，應該三思而後行；就算已經詳細思考過每一個細節，也要爲人類知識的侷限性留有餘地。原因在於，總會有一些超出我們計劃和預料的情況出現；這些情況一出現就會使我們的全部計劃被打亂。這種顧慮會給我們以消極的提醒，讓我們在面對重大事情的時候，如無必要就千萬不能輕易行動，「一動不如一靜」。

但是，決定已經做出並且付諸實踐之後，就只能靜觀其變，讓事情順其自然地發展。對於那些已經付諸實踐的事不要再回過頭去考慮，對於還沒有發生的危險也不要過於擔憂。此時，我們不應該再去糾結這件事，而是應該把它忘掉，因爲我們要相信自己已經在合適的時間把所有需要深思的東西都想清楚了，我們有理由享受平靜了。

意大利有一句相當不錯的諺語是這麼建議的——歌德的翻譯如下：「給馬配好了馬鞍，就可以出發了！」順便一說，歌德蒐集的許多諺語和警句都是從意大利民諺中來的。如果事情的結果並不好，那麼只能歸咎於任何人事都會受到偶然和錯誤的捉弄。世界上最有智慧的人——蘇格拉底在處理私人事務時也需要某種魔法力量給他以警示，從而得以正確行事，或者起碼避免錯誤。這說明事情的發展結果是不受人的智力控制的。

據此，某個教皇最先表達出了這一觀點，亦即，並不是任何情況下我們遭受的災禍都是由我們自己造成的，或者某種程度上由我們自己造成的，雖然大多數情況下是這樣。人們正是因爲認識到了這個道理，所以才會盡量對自己遭遇的災禍進行遮掩和粉飾，並努力裝作什麼事都沒有：他們害怕別人通過他們遭到的災禍推測出他們的過失。

第十二節

當發生了無法改變的災禍時，我們千萬不要這樣想：事情本來有可能會不一樣的；更不能假設我們原本能夠阻止災禍的發生。因爲這種想法只能讓我們的痛苦更加劇烈，以致於難以忍受，所以這就等於是在自我折磨。

我們應該向大衛王學習。他兒子生病臥床時，他不停地向上帝祈禱、哀求；但他的兒子去世之後，他卻打了個響指，再也不想這件事了。如果一個人很難使心情放鬆，那麼就要用命運輪的觀點自我安慰，因爲命運輪說出了這樣的眞理：所有已經發生的事，都是無可避免的必然事件。

然而，這一眞理也有它的缺陷。在不幸發生時，我們可以用它來安慰自己，從而得到輕鬆，但是如果我們的不幸有一部分原因是自己輕率魯莽的行爲造成的——大部分情況下都是如此——那麼，我們應該把對於如何預防不幸發生的痛苦的、反覆思考當作有益的體罰，這樣我們才能從中吸取經驗和教訓，這對將來很有好處。

如果我們有明顯的過失，那麼我們不應該推脫責任，或者粉飾和淡化自己的錯誤——雖然我們經常這樣做。誠然，這樣一來，我們就必須進行痛苦的自責，但是「沒有懲罰和教訓就沒有進步」。

第十三節

我們不要對所有與痛苦和快樂有關的事產生過分的想像。第一，不要建造空中樓閣。因爲這種空中樓閣代價高昂，不久之後就會徹底坍塌，空留一聲嘆息。然而，我們更需要小心的是，不要把那些只是可能發生的災禍想得太誇張。因爲如果這災禍過於誇張，或者根本毫無根據的話，那當我們清醒之後就會明白那些都只是幻想，從而爲更好的現實感到快樂，而且最起碼會對未來有可能發生的災禍產生警惕。然而，我們的想像力很少涉及這些毫無根據的東西，實在無聊的話，我們最多想像一些使人愉悅的空中樓閣。

那些可能對我們產生威脅的不幸經歷是我們產生的消極想像所依賴的材料。我們通過想像將這些不幸及其發生的可能性進行了誇張，而且將它們渲染得十分可怖。從這樣的惡夢中醒來之後，我們沒辦法立刻擺脫它們，但是美夢卻很快就會被遺忘——因爲現實很快就會將美好的景象推翻；現實最多只會給人們留下一點實現希望的可能。

如果讓消極陰暗的想像占據了我們的頭腦，就會產生各種逼眞的幻象——這種幻象較難消失，因爲確實有可能發生類似的事情，我們無法估計它們是否會發生。發生的可能性很小的事情就會變得像發生的可能性很大的事情。這樣一來，我們就屈服於憂慮和恐懼了。

所以，我們應該運用理性和判斷力去觀察和思考所有與我們的痛苦和快樂有關的事，亦即在抽象中用純粹的概念進行冷靜的、不帶個人感情的思考。我們不能讓想像夾雜在思考中，因爲想像沒有判斷的能力。反之，想像只會使我們情緒的清晰圖像受到干擾，使我們更加痛苦，而沒有任何益處。晚上我們更要嚴守這一原則，因爲就和我們在黑暗中會變得膽小，任何東西都能讓我們害怕一樣，頭腦思想中的陰暗模糊也會產生與之相似的影響，因爲所有的不確定都會導致不安全感。

因此，當我們在晚上放鬆下來的時候，理解力和判斷力在主觀上就變得晦暗不明；智力也變得遲鈍而倦怠，無法觸及事物的本質。我們默默思考的那些與我們的私人事務有關的事情，很快就變得危險可怕，呈現出可怖的形象。這種情況經常發生在我們晚上躺在床上時，因爲這時我們的精神是完全放鬆的，所以我們的判斷力無法應對它接受的任務，但想像力卻十分活躍。黑夜使一切都變成了黑色的。是故，我們剛睡著或者剛睡醒的時候，頭腦都是混亂的，就像還在夢中一樣。如果與我們的個人事務有關，那通常都是陰暗可怕的。而這些可怕的景象到了早晨就像夢一樣消失了。就像一句西班牙諺語說的：「白天是白色的，而夜晚是有色的。」

我們的理解力就像我們的眼睛一樣，就算晚上點著蠟燭，也沒辦法像白天那樣對事物進行清楚的把握。正因如此，不適合在晚上的時候思考那些嚴肅、特別是不愉快的事。這類事情最好在早上思考。因爲無論是精神上的還是體力上的工作都適合在早上進行。早晨相當於一天中的青年時代：所有事物都是明亮、清新和輕鬆愉快的。我們覺得自己精力充沛，各種機能都能得到充分發揮。早晨的時光不應該浪費在賴床上，也不應該浪費在沒有價值的工作和閒聊上。反之，我們應該把早晨當作生命中的黃金時光，並且在某種意義上把它看作神聖的。

相較而言，夜晚則是一天中的老年時代，這時候我們感到睏倦、隨意和囉唆。每一天都是一段短暫的人生：早晨睡醒就相當於出生，夜晚睡著就相當於死亡和結束。所以，每天的睡眠就像徵著這一天的死亡，而每天醒來則象徵新一天的誕生。實際上，爲了完成這個比喻，起床時的不適和睏倦可以被看作誕生時遭遇的困難。

然而，通常情況下，我們的情緒在很大程度上會受到健康狀況、睡眠質量、營養、溫度、天氣、環境等外在因素的影響，而我們的思想則受到情緒的影響。所以，不僅時間會影響我們對事情的看法和能力的發揮，而且地點也會產生影響。因此——

要關注那些嚴肅的時光，

因爲它很少到來。

——歌德

對於客觀思想和獨特觀點，我們只能靜靜地等候它們的到來，因爲它們是否到來完全取決於它們本身，甚至當我們已經預定好時間，準備好對某些事情進行認眞思考，也不一定總會成功。這些都需要特定的時機，時機到來時，相關思路就會自發出現，這時我們就能完全投入了。

關於我建議的要對頭腦中的想像加以控制的觀點，還需要補充的是，不要將自己受到的不公正、侮辱、蔑視和損失想像得過於生動，因爲這會將我們心中暗含的憤怒、仇恨和其他憎惡情緒激活。這樣一來，我們的情緒就被破壞了。

新柏拉圖主義者波洛有一個美妙的比喻：每個城鎭中都同時住著高貴傑出的人和卑鄙下流的人，與此相同，每個人身上，甚至是在最高貴傑出的人身上，在其人性，甚至動物性中都隱藏著各不相同的十分粗鄙醜惡的部分；絕對不能讓這些亂民受到煽動而出來鬧事，也不能讓他們站到窗口前向外看，因爲他們會把自己的醜陋樣子展現出來；而我前面所說的那些想像，正是煽動亂民造反的罪魁禍首。

此外，還需要注意：如果我們腦子裡總是想那些煩惱，哪怕是最不值一提的煩惱——無論是因爲人還是因爲事——總是將這種煩惱進行誇張的描繪，那麼它就會擴大爲恐怖的巨大物體，讓我們對它毫無辦法。我們應該用一種客觀、實事求是的態度來對待所有令人不悅的事，這樣才能更好地接受它們。如果把微小的東西放得離眼睛過近，我們的視野就會被侷限，看不到別的東西了，與此相同，雖然與我們有直接接觸的人和事通常都無足輕重，但我們卻總是在上面投入過多的注意力和思考，甚至讓我們感到不悅。這樣的話，我們就沒有時間處理更重要的事情和思想了。這種傾向必須得到控制。

第十四節

我們在看到某個東西時，很容易這麼想：「啊，我想要擁有它！」因此，我們會感到好像缺了什麼東西。實際上，我們應該時常抱有這種想法：「啊，如果我失去了某個東西，那會怎麼樣啊？」——我是說：有時我們可以想像一下，我們會如何看待我們失去一個曾經擁有的東西。的確，我們應該這樣看待所有我們的擁有之物，不論是財富、健康、朋友、妻兒、所愛之人，或者馬匹、愛犬等。原因在於，我們通常只有在失去了一樣東西之後才會懂得它的可貴。如果我們在看待事物時能夠使用我推薦的這種方法，那麼，我們首先會立刻爲我們所擁有的東西感到比過去更強烈的直接的快樂；然後，我們就會採取各種方法來避免失去我們擁有的東西。這樣一來，我們就不會以玩笑的態度對待自己的財產，讓我們的朋友生氣，使忠誠的妻子受到誘惑，或者忽視孩子的健康等。

一般來說，爲了給當下灰暗的生活增添一些色彩，我們計劃著各種美好的可能，空想出各種各樣充滿吸引力的希望，然而，這當中都孕育著失望。當殘酷的現實將這些幻想擊得粉碎時，隨即到來的就是失望。更多地想一想可能出現的各種不利情況，反而對我們有益。因爲這樣做首先會迫使我們採取一些措施來進行防範，此外，如果預計中的不幸沒有發生的話，我們就會收穫意外的喜悅。經過擔憂和顧慮，我們的心情不應該明顯地變得更舒暢嗎？

實際上，常常想像一下巨大的不幸和災禍有可能發生在我們身上，是有好處的，這樣做可以讓我們對日後眞正發生的很多較輕微的災禍有更強的承受能力，原因在於我們可以這樣自我安慰：畢竟那些巨大的災禍沒有發生。但是，我們在牢記這條原則時千萬不要忘了之前的那一原則。

第十五節

與我們有關係的各種事件各自發生，沒有次序，互不關聯，差異巨大；它們之間唯一的共同點就是和我們有關。正因如此，我們在考慮和處理事務時，就應該同樣地乾淨利落，千萬不要糾纏不清。所以，我們在處理某件事的時候，要先拋開其他事務，在合適的時間裡爲一件事感到擔憂或愉悅，而不考慮其他事。

用一個比喻來說明，我們用一個抽屜櫃來存放我們的思想，當拉出一個抽屜的時候，其他抽扉是不動的。這樣一來，我們在思考較爲沉重的問題的同時就不會喪失快樂，也能夠保持內心的寧靜。我們對這件事的思考不會取代對那件事的思考，不會因爲關注大事而忽略了小事，諸如此類。

特別要注意這一點：如果一個人具有高貴而深刻的思想，那麼就不應該讓瑣碎的私人事務和低級的煩惱將他的精神思想全部占據，導致他無法進行高貴而深刻的思考，因爲這樣做就實實在在是「爲了生活而破壞了生活的目的」。誠然，必須要自我約束才能夠自由地支配自己——想要做好任何事情都是這樣。爲此，我們必須強調這個觀點：任何人都必須受到許多外在限制的種種制約，缺少了這些限制，生活就不是生活了。

恰當的輕微的自我約束可以使我們在將來避免很多外在的制約，這就好比在一個圓中，靠近圓心的小圓與圓周圈相對，前者比後者要小上百倍。使我們避免外在約束的最有效的方法就是約束自己。

就像塞尼加說的那樣：「你要是想要控制一切東西，那就讓理性來控制自己吧！」而且，自我約束是我們能夠做到的，如果萬不得已，或者這種約束刺痛了我們最敏感的地方，情況非常痛苦時，我們還能夠放棄這種做法。相比之下，外在的限制確實是殘酷而嚴峻的，不會有任何同情。所以，通過自我約束來避免外在限制是非常聰明的做法。

第十六節

我們應該爲自己的願望設限，控制我們的慾望和憤怒，永遠不要忘記這一點：世界上很多東西都令人豔羨，但只有很少的部分能夠歸我們所有，與此相比，我們會遭遇很多的災禍。換言之，我們要以「放棄和忍受」作爲生活準則。要是不遵守這個準則，我們就會感到匱乏和可憐，就連金錢和權力也無法起作用。賀拉斯的詩句表達的就是這一觀點——

仔細考察你的行爲，
請教智者如何能夠內心平靜、輕鬆地過完一生，
避免對毫無價值的東西的慾望、期待所帶來的痛苦和折磨。

第十七節

亞里士多德說過：「生命在於運動。」顯然，他說的一點都沒錯。我們的肉體生活需要不停地運動；而內在的精神生活也需要通過思想或者行動進行不停地運動。

以下事實可以證明這一點：一個缺乏思想的人無所事事時，就會打響指，或者敲打手邊的隨便什麼東西。換個方式來說：我們的生命本身是不斷變動的，所以，我們無法忍受完全的靜止不動，因爲這會導致可怕的無聊。人應該對這種運動衝動進行調節，這樣才能使我們獲得的滿足更合理，因而質量更高。

所以，對於我們的幸福來說，需要我們去從事某樣活動，比如製作或者學習某種東西。一個人的能力需要得到施展，而且他希望看到施展能力得到的結果。在這一意義上，製作或完成某樣東西，無論是籃子還是一本書，都可以讓我們感到很大的滿足。當我們看到正在從事的工作不斷取得進展，而且最終做完時，可以獲得一種直接的愉悅感。

不論是創作藝術品、寫作文章，還是進行手工製作，都會讓我們感到快樂。誠然，我們做出的東西越高貴，我們得到的快樂就越強烈。在這一點上，那些具有卓越稟賦，而且認識到自己具有創作內涵豐富、和諧聯貫的巨著的能力的人，無疑是最幸福的。原因在於，這類人在自己的一生中都具有一種高級的興趣，這種興趣爲他的生活增添了一種其他人都沒有的趣味。因此，普通人的生活與之相比都是寡淡無味的。人生在世的所有平淡無奇的事物和物質性的東西，在這種具有稟賦過人的人看來，都具有了一種層次更高的形式上的興味，因爲這些都可以作爲他們創作主題的材料。只要他們的個人生活脫離了困境，給他們以喘息的機會，他們就會將自己的一生都不知疲倦地投入到對這些素材的收集工作中。

在某種程度上來說，這類人擁有雙重智力：第一重是處理日常關係（與意欲有關的事）的智力，在這一點上他們與一般人沒有什麼區別；另一重則是對事物的客觀把握的智力。因爲這樣，他們的生活也是雙重的，一方面他們是無動於衷的看客，另一方面又是舞台上的演員。而普通人只有後者的角色。但無論如何，每個人都會根據自己的能力試圖做一些力所能及的事。

我們在長途旅行中，有時候會感到煩悶不堪，從這一點上可以看出來百無聊賴對我們產生的消極影響。如果無所事事，人就與自己的天然本性相脫離了。就像鑽洞對土撥鼠來說不可或缺一樣，爲了戰勝困難和阻礙而不斷地拚搏奮進對人來說也是一種需要。長期滿意使我們感到沒有什麼欠缺，這會導致靜止不動，這樣一來我們就會感到難以忍耐。

克服困難、排除障礙可以帶給我們很大的快樂。既可以是物質方面的困難——比如日常生活中和生意中遇到的；也可以是精神方面的困難——比如鑽研學問時遇到的問題。和這些困難和障礙做鬥爭並取勝，這會使人感到愉快。要是缺少這樣做的機會，人們就會儘可能感召自己的個性機會。比如打獵、玩球，或者在本性無意識的驅動之下尋釁滋事、算計耍詐、說謊騙人，或者做出其他惡劣行徑。人們做這些事的原因，只不過想要逃離那種難以忍受的無聊狀態——「無所事事的時候，很難保持平靜」。

第十八節

我們應該把經過深思熟慮的概念，而不是想像中的圖景作爲行動和努力的指南。但實際情況往往與之相反。所以，只要仔細地觀察就能得知：最終決定我們選擇的，通常並非概念和判斷，而是我們頭腦中的想像。

實際上，後者只不過也是我們的一種選擇。我記不清是在伏爾泰還是在狄德羅所寫的小說中，男主角是一個青年，他站在十字路口，呈現出大力神赫克利斯的形象，美德的化身則左手一個鼻煙壺，右手一撮鼻煙，好像是皇子太傅的樣子；男主角母親的貼身女僕則扮演了罪惡的形象。我們總是將某種圖像作爲我們幸福的目標，在青年時期尤其如此。這些圖像一刻不停地在我們眼前閃動，這種情況一般會伴隨我們半生，甚至整個一生。這些圖像是使人迷惑的幽靈，因爲當我們伸手捕捉它們的時候，它們就突然化爲了泡影。

從中我們得到了經驗：這些圖像並不能眞正實現它們的許諾。我們幻想中的家庭生活、社交活動、田園牧歌，甚至我們對住處、環境和他人表達的尊敬等都屬於這類的幻想圖景。還有我們的想像圖景中的愛人也屬於這一類。

「每個傻瓜都戴著一頂傻瓜帽。」❹⁹這種情況的出現很正常，因為事物的直觀圖像是一種直接認識，與概念，也就是抽象的思想相比，它對我們意欲的作用更加直接。我們通過概念只能瞭解事物的普遍情況，而不能瞭解單個的具體事物，而現實卻包含在單個的具體事物中。所以，概念對我們意欲的作用是間接的；但概念卻能真正給予它所許諾的。因此，教育的目的就是讓我們只相信概念。誠然，進行教育也要解釋和闡述一些圖像，但這只是一種輔助。

第十九節

上一條原則可以歸屬在下面這條更普遍的原則之下，那就是我們應當隨時隨地對我們對眼前現實的印象和直觀認識進行把控。這種直觀圖像比我們的思想認識所能引起的效果要更加強烈，原因並非在於直觀印象的內容和素材——通常是有限的——而在於它的形式，也就是它的直觀性和直接性。我們的情緒受到了直觀印象的強烈的刺激，在它的擾動下，我們的情緒失去了平和與堅定。存在於眼前的、能夠直接觀察的事物總是用它全部的力量當下就產生影響，一下子就讓我們感受到它們。

❹⁹ 法國諺語。

與此相比，思想和推力卻離不開時間和平靜，我們每次只能對一件事情進行深入的思考。所以，我們不可能隨時隨地看到思考的結果。正因如此，雖然我們通過深思熟慮已經決定放棄某種吸引人的事物，但當我們看見這個誘人的東西時，我們就會立刻被它吸引。與此相同，雖然我們明白他人的判斷是毫無根據的，但我們心裡還是會因此感到不開心；雖然我們知道他人的某個冒犯十分卑鄙無恥，不值得反駁，但我們仍然會對此感到憤怒。同樣，十個不存在危險的理由都比不過一個存在危險的假象。

通過以上例子，我們可以清楚地認識到我們本性之中暗含的根本上的非理性。女人常常被這類印象控制，而能夠以超凡的理性得以免受這種印象影響的男人也很少。要是某種印象的影響沒辦法完全通過思想消除，那麼用相反的印象與它的作用相抵消就是最好的解決辦法。比如說，在被他人侮辱的時候，我們可以想一想那些尊敬我們的人；為了應對印象中的某種威脅或危險，就集中精力思考能夠解決這一危險的方法。

萊布尼茨在《新論文》（第一部第二章）中，談到一個意大利人設法經受住了他人的嚴刑拷打。這個意大利人一直想像斷頭台的圖像。因爲如果認罪的話，那麼斷頭台就是他的命運。因此，他經常大喊：「我看到你了！」後來他才對這句話的意思進行瞭解釋。正是因爲此處說到的原因，如果我們的看法與周圍所有人都不一樣，並且他們的行爲也都和我們不一樣，雖然我們堅信別人都是錯的，但也很難做到堅持自己能夠不動搖。就像一個國王化裝潛逃，他忠誠的侍從能夠堅持私下對他行禮並且表現卑下的態度，對他來說就是不可或缺的鼓勵，不然的話，到最後國王都會開始懷疑自己的身分。

第二十節

在第二章中我強調：身體健康擁有至高的價值，對於我們的幸福來說它是最首要和最關鍵的。此處，我來談幾條關於保持和提高身體健康水平的大致做法和原則。

我們在身體健康的時候，可以通過讓身體的全部或部分承受一定的壓力，讓身體習慣於抵抗各種不良影響，從而使自己變得更強健。但是，如果我們身體的全部或部分出現了病痛，那麼就要反過來，儘可能採用各種方法讓出現病痛的部位得到休養；原因在於患病或虛弱的身體是無法承受鍛鍊的。

加強運動可以使肌肉增強，但折磨卻會使神經受損。所以，我們可以爲了鍛鍊肌肉而進行適當的勞作，但卻要保證神經不過於勞累。與此相同，眼睛也不能受到過強的，特別是反射光的照射；黑暗中要減少用眼，避免眼睛承受過重的負擔。也不要長期盯著細小的東西看。同樣，耳朵也不適宜聽到過強的噪音。然而，最重要的是要避免大腦從事任何被迫的、不間斷的和不合適的勞作！

另外，我們在消化食物時應該放鬆大腦，因爲大腦用來思考的動力這時正在腸胃中起作用，準備食糜和乳糜。根據同樣的原因，我們在劇烈的肌肉運動之時或之後，都應該放鬆大腦，因爲運動神經和感覺神經十分類似。就像我們四肢受傷時感覺到的疼痛是大腦發出的一樣，使我們工作和行走的也並非手腳，而是大腦。亦即大腦中負責控制工作和行走的部分通過延長神經和脊髓，刺激四肢的神經從而讓四肢運動起來。

所以，如果我們的四肢感到勞累，其實是來自大腦，因此，會感到勞累的只有進行隨意運動——也就是由大腦發號施令的運動的肌肉，而不以我們的意志爲轉移而運動的肌肉，比如心臟，就不會感到勞累。因此，如果大腦被迫在進行激烈的體力活動的同時還進行緊張的精神活動，或者這兩類活動之間的間隔時間太短，那麼顯然大腦就會受損。

這一點與下面這一事實相符：剛開始散步，或者散步了比較短的時間後，我們通常會感到充滿精力，因爲大腦中控制肢體活動的部分還沒有勞累，另外，輕微的肌肉活動和因此導致的呼吸加快使大腦動脈中的血液流量增加了，因此氧氣更加充足。我們必須保證充足的睡眠，從而讓大腦得到休養和恢復。就像鐘錶需要上發條一樣，人也需要睡眠（參見《作爲意志和表象的世界》第二篇第十九章）。

個人的大腦進化程度越高，活動量越大，那麼他就需要更多的睡眠。但是，超過了所需時間的睡眠卻是在浪費生命，原因在於睡眠時間越長，其質量和深度就越差（參見《作爲意志和表象的世界》第二篇第十九章最後）。

我們還要明白：通常情況下，我們的思維活動只是大腦的一種有機作用罷了，所以，這種有機活動以及它所需要的休息和其他有機活動並沒有太大區別。就像眼睛過度疲勞會傷害眼睛一樣，過度思考也會傷害大腦。胃是用來消化的，而大腦是用來思考的——這種說法是毫無疑問的。但這種觀點則是錯誤的，那就是認爲人的大腦中有一個簡單的非物質靈魂，在永不疲倦地不停思考，不需要這個世界中的任何東西。

確實有很多人因爲這種錯誤見解而做出了很多蠢事，從而使思維變得遲鈍。比如，腓特烈大帝曾試著完全不睡覺。哲學教授們可千萬別用他們爲了順應需要而編出的問答指南式的婆媽哲學來支持上面的錯誤見解。就算用實踐眼光也能看出這種錯誤觀點是有害的。我們應該將思維活動看作一種生理作用；並且因此避免讓它過度勞累。與此同時還要牢記，我們身體中的一切病痛和紊亂，不管這些在身體哪個部位發生，都會使我們的大腦精神受到影響。讀一讀加班尼斯的《人的生理與精神之間的關係》可以幫助讀者理解我上面的觀點。

有許多偉大的思想家和學者年老之後就會智力減退，像個孩子一樣，甚至會出現精神問題，就是因爲忽視了我強調的這一要點。比如，本世紀的英國著名詩人華爾特・司各特爵士、華茲華斯、修特等人，年老之後，甚至在年過花甲之後精神就逐漸衰弱，變得呆滯，甚至成了痴呆。對於這種情況，毫無疑問是因爲他們被豐厚的財富所誘惑，將文學看作賺錢的工具。這導致他們的腦力勞動的強度違反了自然的規則。

如果一個人給畢卡索套上枷鎖讓他做苦役，鞭打文藝女神的話，那麼他們和那些迫使愛神維納斯爲其服務的人一樣，都會受到懲罰。我懷疑，就連康德在最終功成名就以後，在生命最後階段的工作強度也有些過度。因此，他在生命中的最後四年就再次變成了孩子。與此相比，魏瑪宮廷中的先生們——歌德、魏蘭、涅布爾等——一直到很大的年紀，他們的思想和精神能力都是完好無損的，原因在於他們寫作的目的並非爲了金錢。伏爾泰也算在此列。

對我們的身體健康，甚至我們的心理（思想）健康來說，一年中每一個月都有與天氣無關的某種直接影響。

第三部分・怎樣待人

第二十一節

生存於世，爲了達到獲取幸福這一目的，我們必須具有一定的預見能力和寬恕能力：第一種能力使我們能夠免受傷害和損失，第二種能力則使我們避免人事的吵鬧和爭執。

一個人如果生活在人群中，那麼他就沒有任何理由對任何人加以譴責和拒絕——只要這個人是大自然的產物，就算他是最可鄙、可笑的人也是一樣。我們應該將這個人看作無法改變的既成事實：這個人是按照某條永恆的、形而上的規則存在的，他只能展現出現在的樣子。我們一旦遇到一些非常糟糕的人，就要牢記這句話：「林子大了什麼鳥都有。」[50]否則，我們就失去了公正性，就等於向這個人提出了生死決鬥的挑戰。

因爲任何人都無法改變自己的眞實個性，包括道德品行、認識能力、長相性格等。如果我們對一個人的本質加以徹底譴責的話，那這個人唯一的選擇就是視我們爲敵人。原因在於，只有當

---

[50] 出自歌德的《浮士德》第3483行詩。

這個人改頭換面，變成一個與永遠無法改變的自己完全不同的人之後，我們才會承認他具有生存的權利。因此，如果想要生存在人群之中，我們就必須容忍他人以既已存在的自身個性而存在，無論是什麼樣的個性。

我們不應該希望改變，或者譴責他人的本性，而只能關注一個人如何用其本性的內容和特質所允許的方式使自己的本性得以發揮。「生活，也讓別人生活」這條格言說的就是這個道理。雖然這種做法是理性的，但卻很難眞正做到。如果一個人能夠永遠避開人群，那他就得到了幸福。我們可以先用死物來鍛鍊自己容忍他人的耐性。由於機械和物理的法則，物體總是對我們產生妨礙。我們每天都能找到機會練習。此後，我們就能用從這種練習得到的耐性去應對人了。

我們應該保持這樣的觀點：他人不合我們的心意，阻礙我們的行動，但是他們之所以這麼做，是由一種從他們本性中產生的嚴格的必然性導致的，就像必然性導致了物體活動一樣。因此，爲了他人的行爲而大發雷霆就像和一塊我們在路上碰到的石頭生氣一樣愚蠢。我們對人們的最明智的態度就是：「我不要改變他們，而要利用他們。」

第二十二節

使人驚奇的是：通過人們的談話可以很容易、很迅速地看出來人與人之間在精神和性情方面的異同，就算是很微不足道的細節也會被察覺。雖然兩個人談論的只是很廣泛和表面的話題，但是由於他們是完全不同的人，所以他們雙方說出的任何話語都會讓彼此不愉快，甚至很多情況下會生氣。而同一類人之間的每句話都會得到彼此的認同。如果兩個人相似程度非常高，那麼由於彼此很欣賞，他們之間很快就會形成一種完美的和諧，甚至完全一致。

這一點首先可以解釋爲什麼平庸的人通常人緣很好，總是能夠輕易找到關係很好的朋友。這些人眞是誠實、正直而可愛啊！但是，那些傑出卓越的人卻正與此相反；他們越是出色，這種情況就越明顯。因此，當他們生活在遠離人群的孤獨中時，如果偶爾在他人身上發現了與自己相似的某些細節，他們都會發自內心地感到高興，不論那些細節是多麼微小！一個人對他人來說，與他人對這個人來說是一樣的。眞正偉大的思想者，會像鷹一樣，在孤獨的高處築巢。

其次，通過這一點我們還能明白，爲什麼兩個同氣相求的人很快就能走到一起——就像被磁石吸到一起一樣——這是因爲相同的靈魂會遙遠地互換。誠然，那些資質平庸、品性低劣的人當中經常會出現這種情況，原因在於這類人數量衆多。與之相比，具有傑出稟賦的人本來就很稀少。所以，如果在想要實現一些現實抱負的人群當中，兩個徹底的無賴很快就會認出對方，好像他們胸前戴有標記一樣，而且很快就會湊到一起策劃陰謀詭計。

同樣，我們可以想像——因爲這種情況不可能發生——很多擁有智慧和思想的人聚集在一起，其中還混有兩個愚人。那麼這兩個人很快就會因爲相似的特質而互相吸引。他們會由於以爲起碼找到了一個聰明、講理的人而感到高興。道德品質和思想智力都很低下的兩個人，更容易一下子發現彼此，他們是那麼希望能夠走到一起！他們充滿熱情和喜悅地邁著大步向對方走去，就像兩個有多年友誼的老友一樣——這種情況著實令人感到驚訝！這種令人驚奇的事甚至會讓我們覺得：在佛教投胎轉世的說法看來，這兩個人是前世的朋友。

然而，就算人們之間有著高度的和諧統一，但是人們此時此刻出現的不同情緒仍然會產生短暫的不協調和疏離。人與人之間的情緒幾乎都不相同，情緒是由一個人的處境、身體狀況、工作、周圍環境、腦海中的思緒等決定的。正因如此，就算最合拍的人們之間也會發生齟齬。只有經過最高的文明教化，人們才能通過調節來消除這種不協調，並且調節到某種相同的溫度。

從以下事實可以看出人們保持同樣的情緒對社會群體會產生什麼樣的影響：如果一群人在同一個時間，以同樣的方式受到某種客體事物的影響——這種事物可能是某種危險、希望，或一條消息；又或者是少見的景色、話劇、音樂等，那麼這些人雖然數量很多，但由於受到了相同的刺激，他們就會在一種共同的愉悅氣氛中熱情而眞誠地參與到互相交流中。

原因在於，這些客體事物的影響力大過個人的利益興趣，因而能夠創造出相同的情緒。而這種來自客體事物的影響一旦消失，那麼通常就只能依靠個人主體了。因此，聚會團體通常用喝酒這種方法來營造出共同的情緒。甚至喝茶和喝咖啡也能達到這個目的。

每個人的情緒都千變萬化，這很容易使一個群體產生不和諧。但正是從這種不和諧中，我們可以瞭解爲什麼我們的記憶在排除了此類情緒的干擾之後——雖然是很短暫的干擾，留在記憶中的人就變得更加理想，甚至變得神聖了。

記憶產生的作用就好比針孔照相機裡的聚光鏡一樣，景物進入聚光鏡中，然後產生了一張比實物更美的照片。如果想要獲得這種益處，讓自己在他人心中的形象得到美化，那麼一種方法就是儘可能避免與他人見面，因爲雖然記憶的美化工作需要花費很長時間，但卻可以立刻開始。因此，最明智的方法就是隔很長時間後再和我們的熟人好友見面，因爲再次見面時，我們就會發現對方的記憶已經開工了。

第二十三節

每個人都無法看到自身以外的事物——我是說：每人都只能在他人身上看到與他自己相等同的東西，原因在於人只能用自己的思想智力去認識和理解他人。如果一個人的智力素質比較低下，那麼他是無法察覺他人擁有的思想、智慧的，甚至最偉大的天才也無法影響到他。他在別人身上所能看到的只有自己的低級缺陷，也就是他本身在性格、氣質上的所有缺點，此外別無他物。因此，對於他來說，別人只是一個可以拆卸成各個部件的組合體。高級的精神智力之於他，就像色彩和影響之於瞎子一樣，都是不存在的。

如果一個人缺乏精神思想，那麼他就看不到別人具有的精神思想。事物的自身價值加上判斷者的知識就構成了對這一事物的價值判斷。因此可以得知：我們與別人交談時，就把自己降到了對方的水平，原因在於我們相較之下所具有的優勢都不存在了，而且我們的屈就也不被別人瞭解。既然大部分人的素質都很低劣，因而很庸俗，那麼我們就能得知：在和他們交談的時候，我們自己必然變得平凡庸俗了（可以比作電傳導的規律）。

這種情況下，我們就能對「屈尊、降格」這類詞有眞正而徹底的理解。實際上，我們恨不得離這些人越遠越好，因為我們和他們之間唯一能夠交流的只有本性中令人羞愧的東西。我們也會懂得：我們在與那些蠢笨的人打交道時，只有採用避免與他們交談的方式才能讓他們瞭解我們的智慧。誠然，許多人來到社交場合時，就像一個舞技高超的舞蹈家來到一個舞場，但裡面全都是瘸子——他能和誰跳舞呢？

第二十四節

如果一個人在等人或者等著做什麼事時，也就是無所事事的時候，不會立刻拿起手邊的東西——可能是手杖或者刀叉之類的——開始有節奏地敲打，那麼我就會對他表示尊重，因爲他最起碼有可能在進行思考。但是這類人是極爲稀有的。很多人都只會觀看，而不會思考。他們如果手邊沒有雪茄的話，就會用製造噪音來感覺自己的存在。根據同樣的原因，這些人隨時隨地都用敏銳的視覺和聽覺關注著周圍發生的一切。

第二十五節

拉羅什富科曾經很懇切地說：如果對一個人十分尊重的話，那麼就很難喜歡他。因此，我們要麼選擇受到尊重，要麼選擇被喜愛。雖然每個人都有各自的原因，但他們對我們的喜愛總是出自私心；除此之外，我們並不會爲自己受人歡迎的原因而自豪。總而言之，我們對他人精神思想水平的要求降得越低，我們受人歡迎的程度就越高，而且，我們必須發自內心，而不是虛情假意地降低要求，不能是因爲容忍，因爲容忍來源於鄙視。

愛爾維修曾經說過一句十分正確的話：「足以取悅我們的思想深度正好與我們自己的思想深度相同。」從這一點就可以得出結論。而我們受到的他人的尊敬則是完全相反的情況。這種尊敬是我們從他人那裡強行奪取的，違背了他們的意志，因此別人通常會掩飾自己的尊敬。我們可以從他人的尊敬中得到極大的內心滿足，因爲它直接關係著我們的價值；但他人對我們的喜愛卻和我們的價值沒有直接關係，因爲喜愛是主觀的，而尊敬則是客觀的。誠然，對我們來說受人喜愛更有益處。

第二十六節

大多數人都無法脫離主體的「我」，根本上來講，他們唯一感興趣的東西就是他們自己，此外別無其他。所以會出現這樣的情況：他們聽到別人的話立刻就能想到自己，哪怕是無意的一句話，只要與他們稍有關係，他們就會把全部的精神和注意力投入進去；這樣他們就沒有多餘的精力去理解談話的客觀內容了。

與此相同，如果推理和辯論觸痛了他們的利益和虛榮心的話，就不會起到任何作用。所以，這些人很容易注意力不集中；他們常常會覺得被他人侮辱或者傷害了。在和這些人討論客觀事務時，我們一定要小心翼翼地避免在話語中提到與這位尊貴而敏感的人相關的事，更不要涉及不利於他的事，因爲他們會而且只會將這些話記在心上。別人話語中的卓越見解、格言警句和優美之處對他們來說毫無意義，但對於那些可能使自己脆弱的虛榮心受傷的話——雖然兩者之間的關係十分間接而微弱——以及所有能暴露出他們在意的自我缺點的談話，他們卻非常敏感。他們就像被踩到爪子的小狗一樣敏感而脆弱；所以，對於它的吠叫我們也就必須忍受。抑或，就像對待一個身上佈滿傷口和腫塊的病人一樣，我們必須小心不要碰到他們。有些人甚至到了這種程度：只要有人在交談中表現出思想和理解力，或者沒有將這些東西完全藏而不露，那他們就會覺得被羞辱了。但是，當時他們不會表露出這種想法。事情過去之後，那個缺乏生活經驗的人只能無用地苦苦思考到底是哪裡得罪了這些人。然而，根據相同的理由，想要奉承和討好這些人也是輕而易舉的。

所以，通常來講，這些人的判斷力都非常差，毫無客觀和公正可言，只不過是傾向與他們所屬的政黨或階層的話語和表白罷了。這些都源於以下事實：這些人身上的意欲要比認識力強得多，他們微弱的智力完全依賴和受制於意欲。

通過占星術可以很好地證明人的自我總是可恥地認爲一切圍繞著自己，一切從自我出發。正是因爲這樣，人們認爲所有東西都和自己有關，通過每種思想間接都能直接聯想到自己。占星術就是在天體運行與人的可悲自我建立聯繫，並將空中的星體與人世間的庸俗和醜惡的事情關聯起來。自古以來就有這種情況（參見斯托拜阿斯的著作）。

第二十七節

當出現了一些荒謬、顛倒黑白的觀點，抑或虛假荒誕的文字作品廣受歡迎，或者沒有受到譴責和駁斥，我們不要因為事情無法改變而感到絕望。反而，我們應該認識以下事實並以此自我安慰：未來，人們將會對這些觀點和作品進行重新審視、討論、思考和澄清。大部分情況下，人們終將做出正確的評判。因此，過了一段時間之後——具體事情的難易程度決定了時間的長短——差不多所有人都看清了那些頭腦清晰的人當時一下就明白了的東西。

當然，我們在這個過程中必須保持耐心。一個具有正確見解的人與那些受到矇蔽的人們在一起，就像一個人的手錶指示的是正確的時間，而整個城市中的鐘樓指示的時間都是錯的，正確的時間只有他才知道。但是這並沒有任何用處。所有人都按照錯誤的時間行事，就連那些明知這個人的手錶指示的時間是正確的人也是如此。

第二十八節

在這一方面普通人和小孩很像：要是我們寵著他們的話，他們就會變得頑劣。因此，我們對任何人都不能過於遷就和順從。

通常來講，如果我們拒絕一個朋友借錢的要求，我們並不會失去這個朋友；但是如果把錢借給他，我們反而更容易失去這個朋友。與此相同，如果我們用一定的傲氣、忽視和大大咧咧的態度對待朋友，那我們並不會輕易失去他；但是，如果我們過於禮貌和周到的話，反而容易失去他，因為禮貌和周到會讓他變得高傲和難以容忍。這樣，朋友之間就產生了隔膜。尤其不能讓人們知道別人需要他們，因為如果他們認定自己被人需要，就肯定會變得傲慢無禮。而一些人只要別人與他們交往，常常和他們交談，或者對他們表示信任，他們就會變得粗魯無禮；不久之後，他們就認定我們理應容忍和承受他們的一切作為，緊接著就會超越禮貌的界線。

所以，我們能夠與之深交的人十分罕見，我們需要小心避免和那些卑劣下流的人走得太近。如果一個人認為比起他需要我來說，我更需要他，那麼他就會立刻覺得我欠了他什麼東西；他就會試著獲得補償，把欠了他的東西要回去。只要我們對對方沒有要求，不依賴他們，並且讓他們認清這一點，我們就能在與他們的交往時占據優勢。

正因為如此，無論對方是男是女，我們都要讓他們感覺到對我們來說他們並非不可或缺。這樣做對友誼有益。確實，我們在與大多數人打交道時，如果偶爾表現出輕微的輕視態度，並不會產生什麼危害；反而會讓對方更加珍惜這份友誼。這句意大利諺語十分精妙：「不尊崇別人的人反而會被他人尊崇。」但是，如果一個人的確對我們來說很重要的話，那我們就應該像隱瞞罪行一樣隱瞞這一事實。這個道理雖然讓人不悅，但卻是真實的。試想：就連一條狗都受不了別人過於寵它，更何況是人！

第二十九節

一般情況下，那些本性高貴、思想傑出的人，往往令人驚訝地不懂得人情世故，在青年時代更是如此。所以他們很容易被別人欺騙，或被誤導。但那些本性庸俗低劣的人卻很快就能學會這些，從而更好地在世上生存。原因就在於：如果我們缺乏經驗，那就只能對事情進行先驗的判斷。通常情況下，實際經驗是無法與先驗知識相提並論的。那些平庸之輩的先驗知識就是從自我出發的對問題的看法；但那些傑出卓越的人卻並非如此。正因爲這樣，他們才和普通人格格不入。當他們用自己的思想和行爲去揣測他人時，得出的就會是不準確的結果。

然而，哪怕這樣高貴的人最終掌握了後驗的知識，也就是：將他人的教導與自己的經驗相結合，終於明白了對人應有怎樣的期待；懂得了如果不是萬不得已，就最好與占總人口六分之五的人保持距離，儘可能不和他們打交道，這些人的道德和智力水平決定了這一點——哪怕如此，這個高貴之人仍然無法充分認識到普通人卑劣、可鄙的本性。日後，他對這方面的認識會逐漸擴大和豐富，但在這個過程中，他還會經常失算並連累到自己。他雖然確實用心牢記教訓，但是當他與陌生人一起交往和談話時，他還是會很吃驚地發現這些人誠實正直、具有君子風度、頭腦靈活、幽默風趣。他無須對此感到不解，道理其實並不複雜：大自然在造人時與拙劣的文學家不同。後者對無賴或笨蛋的表現手法十分笨拙、生硬，而且體現出很強的作者的主觀意圖，好像作者就站在這些人物形象背後，拒絕承認他們擁有獨特的思想和語言，而且大聲警告我們：「大家請注意，他是騙子，而他是傻瓜，千萬別上他們的當！」

與此相比，大自然更像莎士比亞和歌德。在這兩位作家的作品中，任何人物——就算是魔鬼——只要站在那裡說話，那麼他們說出的話就是非常合情合理的。就是因爲這些人物得到了客觀的展現，所以讀者就會被他們的喜怒哀樂所吸引，不自覺地對他們表示關心和同情。大自然的作品就和這種人物一樣，有著一種內在原則：他們的言語、行爲都是以這一內在原則爲依據的，所以好像出於自然，也好像出於必然。

因此，如果一個人認爲這世界上存在頭上長角的魔鬼或者身上掛著鈴鐺的傻瓜，他就會被這兩者俘虜和玩弄。除此之外，人們在和他人交往時，都像月亮和駝背的人一樣，永遠只露出一面。的確，每個人都天生具有擺弄五官，僞裝成自己心目中的模樣的能力。一個人完全按照自己的個性來製作自己的面具，因此，這面具與他本人十分貼合，具有極強的欺騙性。當需要討他人歡心時，他就會戴上面具。他人的面具不過是一層油布罷了，此外毫無價值。我們要記住這句精妙的意大利諺語：「再壞的狗都會搖尾乞憐。」

不管怎麼樣，我們應該注意的是，不要給予剛認識的人過高的評價。不然，絕大多數情況下我們都會失望和羞愧，甚至招致不幸。此處應該提到塞尼加的話語：「一個人的性格本性可以從小事中看出來。」一個人有可能在細節上疏忽大意，從而使自己的本性暴露在外。一個人處理細枝末節的方法，或者單純的舉止態度就能體現出他完全不顧他人、無限膨脹的自我。這類人就算將自己的本性加以偽裝，但在大事上也會不自覺地體現出來。

我們一定要抓住這些觀察他人的機會。如果一個人在處理微不足道的日常小事時——也就是「法律不管的小事」51——從來不顧及他人，只圖自己方便，為自己謀利，而不惜損害他人的利益，將大家的東西據為己有，那麼，我們就可以斷定：這個人的內心沒有絲毫的公正。幸虧有法律和司法機構的管束，否則他甚至有可能成為一個惡棍。對於這種人我們不能給予一點信任。的確，在自己的私人圈子中無視規則，肆意破壞的人，在他感到自己的安全不會受到損害時同樣會破壞國家的法律。

原諒和遺忘意味著對我們得到的寶貴經驗的遺棄。如果一個與我們交往或有關聯的人表現出一些令人不悅甚至生氣的行為，那麼我們就要捫心自問：這個人擁有的價值，值得我們情願忍受他的行為嗎？因為這種行為肯定會繼續發生，甚至程度會更加嚴重。如果得到肯定的答案，那麼

---

51 羅馬帝國的法律原則。

我們就無須對這種行爲進行評價，因爲不會起到任何作用。我們就可以稍微勸告他一下，或者乾脆什麼都不說，聽任事情過去。但是，我們一定要明白，這樣做的後果是他隨時都有可能再次帶給我們同樣的困擾。但是，如果得到否定的答案，那麼我們唯一的選擇就是立刻而且永遠地和這位可愛的朋友絕交；如果他是我們的僕人，那就要立刻解僱他。因爲如果再遇到相同的情況，他肯定會毫無意外地做出相同或相似的行爲——雖然他現在發自肺腑地保證再也不會這樣。

一個人能夠忘記一切，但他唯一不會忘記的就是他的自我和本性。性格是絕不可能改變的，因爲人的所作所爲都依據一條內在原則；按照這條內在原則，一個人在同樣的情境之下永遠都只能做出同樣的行爲，而不可能做出其他事。

諸位讀者想要擺脫錯誤觀點，可以讀一下我那篇關於意欲的自由的獲獎論文。所以，與已經斷絕交往的朋友重新恢復關係是很軟弱的；我們最終會爲這種軟弱付出代價，因爲只要時機成熟，這個朋友就會再次做出當初導致絕交的事。只不過，這一次他會更加膽大妄爲，因爲他已經暗暗認定對於我們來說他是不可或缺的。對於那些已經被我們解僱又重新聘用的僕人來說，也是同樣的道理。

根據相同的原因，如果情況改變了，那麼就不能指望一個人做出和以前一樣的行爲。自己的利益一旦改變，人們的觀點想法和行爲態度就會緊跟著改變。確實，人們那些有目的的行爲很快就會像短期支票一樣兌換成現金，我們需要把眼界放得更短，才能接受這種行爲。

所以，如果我們想知道一個人在某種假設的情境中會是怎樣形式，那我們千萬不要聽信他的許諾和保證。原因在於，哪怕這個人許下的諾言和保證都是發自眞心的，但他實際上並不知道他在說什麼。因此，只能通過思考他準備進入的情境，以及這種情境和他的性格之間存在的衝突來推測他的行爲。

要是想要對人的可憐而眞實的本質——大部分人的本質就是如此——有一個必要的、清楚的和徹底的瞭解，那麼，用書本中對人的行爲的描述解釋現實生活中人的行爲，或者反過來，用後者說明前者，都是很有用的方法。這可以幫助我們避免錯誤地認識他人和自己。但是，我們不要爲現實生活中或書本中遇到的人的卑鄙和愚蠢而感到憤怒。我們應該將這些人的特性當作單純的認識材料，當作人的某種特性的標本記錄下來。就好像一個礦物學家偶然發現了某種礦物的標本那樣。當然也有例外，甚至有的特殊例子有著很大的差異。

人與人之間存在著巨大的差異。但總體而言，像我已經說過的那樣，整個世界都充滿了罪惡：野蠻人之間人吃人，文明人之間人騙人，這就是所謂的世道。國家及其目標在國外和國內都設置有武器裝備——這些難道不是爲了防備和制止人們行不義之事嗎？

整個歷史已經向我們表明：任何一個國王，一旦對自己的國家有了絕對權力，並且積累了一些財富，就會憑藉這些資本去建設軍隊，像海盜一樣侵略鄰國。一切戰爭說到底不都是燒殺搶掠的強盜行爲嗎？在古代，某種意義上來講中世紀也一樣，被征服的人淪爲征服者的奴隸，亦即需要服務於征服者。但實際上，那些爲戰爭付費的人也同樣在爲征服者服務。他們將工作收入都貢獻了出來。伏爾泰曾說：「一切戰爭都是搶奪罷了。」德國人應該銘記這一點。

第三十節

我們不能放任一個人完全自主地發展。每個人都應該在概念和格言的指引下前進。但是，如果我們在這方面做得太過分，以致於有一種人爲的特性，也就是說並非出自我們的內在本性，而是源於理性思考和外在性格，那麼人們很快就會認識到這句話的眞實性——

天性被叉子趕走了，
但她仍然要返回來。
——賀拉斯

所以，我們很容易明白和發現待人處世中應該遵循的規律，並且能夠很好地將之表達出來，但是我們在實際生活中卻很容易違背這些規律。然而，無論如何，我們也不要因此感到沮喪，不要因爲抽象的法則無法指導我們的行爲而自我放任。只要在實際生活中運用理論性的規則就會出現同樣的情況。最重要的是明白和理解規律，然後是把這些規律運用到具體事務中。我們只要運用理性一下就能做到前者，而只有通過循序漸進的練習才能做到後者。

一個初學者儘管看過別人示範演奏樂器的指法或者擊劍的防守和進攻招式，儘管他全心全意地想要完成動作，但當他自己親自操作時還是會出錯。他就會認爲：自己幾乎沒有可能在演奏和擊劍時運用相關的技巧。但是，不斷地練習演奏指法，或者不斷地跌倒後再爬起，他最後總是能夠掌握其中的訣竅。掌握拉丁文的口語和書寫規則的過程也與之相同。因此，如果愚笨的人想要成爲宮廷弄臣，行事衝動的人想要變得圓滑世故，多話者想要變得言談謹慎，貴族出身的人想要變得憤世嫉俗——想要實現以上所有目的的唯一方法都是勤學苦練。

然而，通過持之以恆的習慣性練習來進行自我訓練，需要依靠外在的約束；而人的天性總是會與之抗衡，有時人的天性會在意料之外擺脫這種約束。

原因在於，那些以抽象格言爲依據的行爲和那些以自然天性爲依據的行爲相比，就像人工製品，比如手錶——我們強加給這一物體以本身並不屬於它的形狀和運動——與那些有機生命體相比，後者的形式和物質是統一的，自成一體。

外在形成的性格和天然得來的性格之間的關係，可以作爲拿破崙皇帝的一句話的佐證：「所有非天然的東西都不完美。」——通常來說，物理領域以及人的精神範圍內的所有事物都符合這一規則。天然砂金石是我所知道的唯一例外，礦物學家都對它很熟悉，人造砂金石要比天然砂金石更美。

我在此處要對所有造作行爲提出警告：造作的行爲總會受到鄙視。第一個原因是，它是造假和欺騙，所以它是軟弱的表現，因爲欺騙是恐懼導致的。第二個原因則是，造作是一種自我譴責和自我貶低，因爲造作的人想要表現出他們認爲要優於自己，但與自己的實際並不相符的形象。精心修飾一番，裝作擁有某樣品質，實際上就等於承認了自己並沒有這樣品質。無論一個人假裝具有勇氣、機敏、學識、智力，還是說大話冒充情場高手、富翁、地位很高的人還是什麼別的，這種冒充行爲都可以說明：這個人所冒充的就是他所缺乏的，因爲如果我們眞的具有某種品質和優勢，我們就不會故意顯示和炫耀它——只要我們想到自己擁有它就已經很滿足了。

一句西班牙諺語表達的正是這個意思：「馬蹄鐵之所以發出聲響是因爲少了一個釘子。」雖然這樣，就像我前面所說的一樣，我們不能對自己的本性過於放任，將它完全體現出來，因爲我們需要隱藏起其中那些惡劣和獸性的部分。但這個理由只針對隱藏消極的東西，並不能給予假裝擁有積極的東西的做法的正確性；亦即我們可以藏愚守拙，但卻沒有理由假裝卓越。

我們應該明白：就算人們還沒搞明白一個人想要僞裝成什麼樣，就已經知道他在僞裝了。第三個原因是，僞裝無法長期持續，總有一天面具會被揭開，「任何人都不能一直戴著面具，人的天性很快就會暴露出來」（塞尼加語）。

第三十一節

就像一個人承擔著自己的身體卻對身體的重量毫無察覺，但在搬動別人的身體時卻會感到重量一樣，一個人對自己身上的缺點和惡習可能視而不見，但卻會看到他人身上的這些東西。所以，人人都要把他人當作自己的鏡子，從鏡子中可以看清自己的缺點、惡行和其他壞處。但是，通常情況下，人們卻像一隻對著鏡子狂吠的狗——以爲鏡子裡是另一隻狗，而不知道那其實是它自己。對別人挑三揀四的人其實是在改進自己身上的缺點。

因此，喜歡暗自觀察和刻薄地挑剔他人做過或者沒做過的外在行爲的人，實際上也在幫助自己進行完善。因爲這類人最起碼具有足夠的正義感、驕傲和虛榮心，可以避免他們做出自己嚴厲批判過的行爲。而那些容忍他人的人則正是相反的情況，也就是說「我們渴望自由，同時也會給予別人這種自由」（賀拉斯語）。

聖經的福音書中有一段美妙的教誨，說的是「只看見別人眼中有刺，卻不想自己眼中有樑木」；但眼睛的本性就是看向外部的，本來就看不到自己，因此讓我們認識自己缺點的一個有效的辦法就是留意和挑剔他人的缺點。我們要通過鏡子來完善自己。

對於寫作文體和風格來說，這一點同樣適用：如果讚賞而非批評一些新鮮的拙劣問題，那麼人們就會效仿這種文風。因此，在德國每種蠢笨的文風都能迅速流行開來。每個人都能發現，德國人的容忍度很高。所以「我們渴望自由，同時也會給予別人這種自由」就成了德國人遵循的規則。

第三十二節

品性高貴的人在青年時代認爲：人們之間首要的交往，以及通過這種交往產生的人際關係是理念性的，換言之，這些關係的基礎是人們在氣質、思維和興趣方面的一致性。直到成年之後，他們才明白這些交往和關係是現實性的，也就是說它們的基礎是某種物質利益。差不多所有的關係都部分地以此爲基礎。很多人甚至不知道還有別的類型的關係。因爲這樣，人們都習慣於通過一個人所擁有的職位、所做的生意、所屬的民族和家庭來評價他。

總而言之，人們關注的是這個人在世俗中所扮演的角色和所處的位置。因此，一個人就被貼上標籤，被像商品一樣對待。對於這個人的自身如何，從他的個人素質上來看他怎樣，人們只是偶爾地、隨意地提起來而已。人們根據各自不同的需要，往往對人的素質不聞不問或者視而不見。一個人的自身越是豐富，就越難以忍受世俗常規的安排，脫離世俗人群的願望也就越強。世俗之所以做出這樣的安排原因在於：這個世界是貧窮而匱乏的，所以不論在任何地方，對付匱乏和需求的方法都是最重要的，所以壓倒一切。

第三十三節

就像流通的貨幣不是眞金白銀而是紙鈔一樣，世界上流行的是努力做到眞實和自然地表達尊敬和友好的表面態度，而非眞心實意地尊重和友誼。但是，我們可以問問自己：又有什麼人值得我們花費眞金白銀呢？無論如何，我認爲人們的那些表面態度還不如一條誠實的狗搖尾示好更有價值。

眞誠、不虛僞的友誼是以這點爲前提的：用一種強烈的、完全客觀的與利害關係無關的同情去對待朋友的不幸和苦難。這就表明我們與朋友之間能夠眞正地感同身受。但是，人的天性卻與此互不相容，因此，眞正的友誼就像巨大的海蛇一樣；或者只是傳說，或者存在於其他地方，我們根本不知道是什麼。

人們之間的許多關係都是以各種被隱藏起來的自私動機爲基礎的，但在這樣的關係中有時也能找到一丁點眞正的友誼。因此，人們就將之進行美化並大加推崇。這個世界充滿了缺點，那麼就有一定的理由將這些聯繫命名爲友誼。它們比那些泛泛之交要強得多。後者是什麼樣的呢？我們一旦得知大部分朋友背後對我們的議論，就再也不想理他們了。

除了在需要朋友提供幫助和做出犧牲的情況以外，檢驗眞正友誼的最好方法就是告訴他們我們遭遇了某種不幸。那一瞬間，他的臉上或者流露出眞心的、純粹的悲傷，或者表現出淡然的樣子，或者表現出別的神情，後面兩種情況都證明了拉羅什福科的名言：「我們總能在我們最好的朋友遭遇的不幸中發現某種不會讓我們不悅的東西。」

在類似情況下，我們所謂的朋友的臉上甚至總會流露出一絲笑意。告知別人自己遭受了巨大的不幸，或者完全表露自己的個人缺點，是最能肯定地讓別人心情愉悅的事。這個典型的例子反映出了人性。

雖然我們不願意承認，但朋友之間距離太遠或者長期不見面都會使友誼受損。如果很長時間不見面，就連我們最好的朋友也會在時間的流逝中逐漸變成抽象的概念；我們對他們的關心也因此越來越理性，甚至這種關係最終只成了一種慣性。反之，我們總是會對那些朝夕相處的人，就算是寵物，保持強烈的深刻的興趣。人的本性是這樣受到感官的控制。因此，歌德的話正能說明這種情況——

當下、此時是一個能力巨大的女神。

「Hausfreunde」[52]這個詞的意思非常精準，因爲這類朋友與其說是戶主的朋友，不如說更像是家庭、居所的朋友，所以，他們更像貓，而不是犬類。

朋友們都說自己是眞誠的，實際上，眞誠的是敵人。因此，我們應該把敵人的指責、批判當作逆耳忠言，並且通過這些更好地瞭解自己。

患難之交眞的非常少見嗎？正好相反，只要我們和什麼人做了朋友，他就患難並且向我們借錢了。

第三十四節

要是一個人誤以爲通過展示自己的智慧和思想就能獲得人們的喜愛，那他肯定是個不懂得人情世故的年輕人！實際情況正與之相反：大部分人只會厭煩和憎惡那些表現出智慧和思想的人；而且以下原因還會使這種厭煩和憎惡增強：感到厭煩和憎惡的人想不到什麼理由來抱怨這些情緒

[52] Hausfreunde：意味家庭或屋子裡的朋友。

的原因，他們甚至不得不隱藏起這些原因，不讓自己發覺。

實際情況如下：要是一個人感覺到交談對象在智力上具有優勢，那麼他就會認爲：對方一定也察覺到了自己在智力上的不足。這是他在缺乏清楚認識的情況下暗自下的定論。這種簡略的三段式推論激起了他強烈的憤怒和憎恨（參見《作爲意志和表象的世界》第二卷第十九章——我在那裡引用了約翰遜博士和歌德青年時代的朋友梅克的話），因此，格拉西安說得沒錯：「只有用最蠢笨的動物的皮將自己裹起來，才能獲得別人的喜愛。」

表現出聰明才智就等於間接指出了他人的愚蠢和無能。而且，如果一個人本性庸俗，那麼他在面對一個本性高尙的人時，就會產生牴觸心理，而這種心理產生的原因就是嫉妒。

我們可以發現，最能夠使人感到快樂的莫過於人的虛榮心，但是只有通過和別人進行比較才能獲得虛榮心的滿足。最値得一個人驕傲的實際上是他的精神思想素質，因爲人相比於動物的優勢就體現在這一方面。所以，如果一個人將這方面的優勢體現出來，特別是在他人面前表現出來，就是十分冒失、無禮的。這樣一來，人們就在刺激之下進行報復，抓住機會對這個冒犯者進行侮辱。因爲通過侮辱他人就可以從思想智力的範疇來到意欲的領地，而每個人在意欲方面都是同等的。

因此，財富和地位可以在社會上得到人們的尊敬和喜愛，但精神優勢卻永遠無法得到這樣的厚待。可能發生的最好的情況，也不過就是精神思想優勢被他人漠視；不然的話，精神思想方面的優勢就會被看作無禮和冒犯，或者那些具有優越精神思想的人獲得天賦的手段是不正當的，現在居然敢在此炫耀！正因爲如此，大家暗自都希望用某種方式對這類人大加羞辱。人們都在等待機會下手。一個人哪怕是表現出最謙恭的態度，也無法讓別人原諒他在精神思想方面的優勢。薩迪在《玫瑰園》中說：「我們應當明白：愚人與智者的厭惡，要比智者對愚人的厭惡更強烈一百倍。」

與此相比，值得推崇的方法是表現出低劣的精神思想，因爲就像對我們的身體來說溫暖是很舒適的一樣，對於我們的精神來說，感到優越也是很愜意的。所以，每個人都會按照天性接近能夠讓他獲得優越感的東西，就像本能地靠近陽光或者爐火一樣。那麼，對於男人來講，這種東西就是具有低劣的精神素質的人；對於女人來說，就是不如自己漂亮的人。誠然，需要下一番功夫才能向別人明白地展示自己的缺點。我們會發現：一個長得還可以的姑娘對一個長得醜陋的姑娘的歡迎是那麼熱情！雖然和一個比自己矮的人站在一起會比與一個比自己高的人站在一起更讓人舒服，但男人的身體優勢並不是最重要的。

所以，通常來講，在男人中，愚笨的人會受人喜愛，而在女人中，長得醜的人會更受歡迎。這些人輕易就能得到善良的美名，原因就是，人人都需要爲自己的喜愛找一個藉口，用來自欺和欺人。正因爲如此，不管具有哪類精神思想優勢，都會使自己被孤立。對於這類優勢，人們都十分厭惡，避之不及。爲了給這種做法找一個藉口，人們就爲這個具有傑出思想的人加上了許多缺點和惡行。

對於女人來說相貌也有相同的影響。長得漂亮的女子永遠都無法獲得同性的友誼，甚至連普通的女伴都沒有。她們盡量不要去申請做貴婦人的侍女，因爲只要她們一出現，她們期待的新主人就會立刻沉下臉來——這些貴婦或者她們的女兒，可不需要這樣的陪襯！與此相比，擁有優越地位的人所面臨的情況則完全不同，因爲優越的地位產生效果的方法並不是通過與他人對比而體現出差異，而是通過反射來完成的，好比四周環境中的色彩反射在我們臉上一樣。

第三十五節

我們信任他人，告訴別人自己的祕密，通常是因爲我們的懶惰、自私和虛榮。懶惰是我們寧可相信他人，而不願自己去發現、觀察，保持警惕；自私是因爲想要談論自己而告訴別人一些祕密；虛榮，是我們總是談論令我們驕傲的事。儘管如此，我們還是希望他人給予我們對他們的信任以尊重。

不過，我們不應該爲他人的不信任而憤怒，因爲這種不信任體現了對眞誠的尊重，也就是說，體現了這種眞誠的觀點：誠實非常罕見，所以，我們不得不懷疑是否眞的有誠實。

第三十六節

中國人將禮貌作爲最重要的美德，我在《倫理學的兩個根本問題》一文中已經討論過了保持禮貌的第一個原因；以下則是另一個原因。保持禮貌就是雙方約定好保持緘默：對於彼此道德方面和智力方面的缺陷，我們都互相忽略而且不指責對方。這樣就不容易暴露自己的缺陷，對雙方都有益處。

保持禮貌是十分聰明的，所以，不禮貌的言語和行爲就是愚蠢的。用沒有必要的無禮和隨意態度對待他人因而與人結仇，就像把自己的房子用火燒掉一樣瘋狂。

禮貌的言行就像假幣一樣，只有愚蠢的人才會小氣、吝嗇地使用假幣，聰明人則會非常大方。每個民族的人在信件的最後都會寫上「您卑下的僕人」。只有德國人不願意用「僕人」這個詞——原因在於，這肯定不是事實！然而，犧牲自己的利益來保持禮貌，這就不是支付假幣，而是支付黃金了。

蠟本身是堅硬、較脆的，但稍微加熱後就會變軟，可以任意捏成想要的形狀。與此相同，就算有無數個執拗和充滿敵意的人，運用禮貌和友好也可以讓他們變得順從隨和。因此，禮貌對於人來說就像溫暖對於蠟燭。

誠然，想要保持禮貌就必須對人們表示強烈的關注，但其實大部分人都不值得我們給予這樣的關注，所以保持禮貌就變得很艱難。於是，我們不得不裝作對別人充滿興趣，但實際上如果能不理他們，我們的心情會更好。需要極高的技巧才能夠將禮貌和自傲結合在一起。

如果我們對自己的價值和尊嚴沒有過分地關注，也沒有因此而擁有不相配的高傲；而且清楚地明白每個人是如何在內心看待和評價他人的，那麼，在受到別人的侮辱時我們就不會感到憤怒——侮辱就代表了對他人的輕視。大部分人對帶有輕微責備意味的語言都很敏感，這種敏感與他們的朋友對他們的背後議論之間形成了多麼鮮明的對比！

我們要明白，常規的禮貌只不過是一副微笑的假面具罷了。因此，如果看到別人不時移動或者暫時收起面具的時候，我們千萬不要感到驚訝。如果一個人表現得粗魯、沒有禮貌，那他就像脫光了衣服，赤身裸體地出現在人前。當然，在這種情況下，這個人會像大部分人一樣表現得可憐而難堪。

第三十七節

我們不應該以他人爲標準評判自己應該做的和不應該做的，因爲每個人的處境、關係都不一樣，而個性上的差異也會使人們對事情採取不同的處理方式。

「兩個人做一樣的事，這件事就已經不一樣了。」經過深入的思考之後，我們必須要用與自身個性相符的方法處理事情。因此，在處理具體事務中，我們必須擁有自己的獨特觀點，不然的話，我們的行爲就會不符合我們的自身。

第三十八節

對於別人的觀點我們不要進行反駁，而要知道，就算我們擁有瑪土撒拉[53]的壽命，也不可能使一個人放棄他觀點中的荒謬之處。此外，我們在和他人交談時，不要想糾正別人，雖然我們的出發點是好的；原因在於，冒犯和得罪他人很容易，但是想要進行彌補卻是很難的，甚至是不可能的。

如果我們無意中聽到別人的謬論而感到氣憤，我們就應該把這些話想像成喜劇中兩個傻瓜的

---

[53] 瑪土撒拉：《聖經》中的老祖宗，享年969歲。

對話。這個事實很久以前就被證明過了：如果一個人來到人世間義正詞嚴地在一些重大問題上教導人們，那麼他能夠全身而退就已經非常幸運了。

第三十九節

如果一個人想要讓自己的觀點獲得別人的信任，就應該冷靜地、語氣平和地表達出自己的觀點。因爲一切激烈的情緒都是從意欲中產生的，所以如果情緒激烈地表達自己的觀點，這一觀點就會被人們看作意欲的產物，而非認識的結果，因爲認識擁有冷靜的本質。人身上的意欲是非常激烈的，而且占據了首要地位，而認識則是次一級和多餘的。因此，人們會認爲我們的觀點來自激烈的意欲，而不相信意欲的激動是由判斷引起的。

第四十節

哪怕我們有足夠的理由自我稱讚，但我們也不能在誘惑之下眞的這麼做。因爲虛榮心是很常見的，而人的眞實的才能卻非常稀有，因此，如果我們表現得像在誇耀自己——就算是間接地誇耀——別人就會斷定：我們是因爲虛榮心才這麼說的，而且由於缺乏常識而認識不到我們言語的可笑。但是，無論如何，培根的話[54]也有一定的道理。他的話不僅對造謠誣衊適用，而且對自我稱讚也適用。所以，他提議可以適當地誇獎一下自己。

第四十一節

要是我們對一個人有所懷疑，那麼和他交談的時候就應該假裝對他的話深信不疑；因爲這樣他就會變得膽大妄爲，有恃無恐地說謊，最後自己揭穿了自己。但是，如果我們發現這個人的言語透露出了一部分他隱藏起來的眞實情況，那我們就應該假裝不相信他的話。這樣一來，他由於受到了抵抗的刺激，就會調出更多的眞實情況來應戰。

第四十二節

我們一定要把個人私事當作祕密來守護。那些我們的朋友不能親眼看到的事，我們就儘可能不要讓他們知道。原因在於，隨著時間和情況的改變，就算他們瞭解的是我們最完美無缺的事，

[54] 指「就像人們平常說的那樣，人們大膽地造謠總會起到一點作用；與此相同，我們也可以這麼說：如果我們勇敢地讚頌自己，而且這種讚頌並不完全羞恥、可笑的話，這種自我稱讚也總會起到一定作用。」

也有可能給我們招致不幸。通常來講，如果想要表達我們的觀點，我們應該用沒說出的言語，而不是說出的話來表達。選擇前者是明智的，而選用後者則是由於虛榮心作怪。

一般來說，使用這兩者的機會我們都有，但爲了得到當下的快感，我們通常會選擇後一種方法，而捨棄了第一種方法所能帶來的長久益處。我們還應該避免那些熱情活潑的人喜歡使用的大聲和自己說話來放鬆心情的方法，不要讓這種做法成爲習慣。因爲一旦養成這種習慣，思想就會和說話密切相連。逐漸地，當我們和別人交談時也會把自己的思想說出來，如果我們足夠明智，就會拉開思想和說話之間的距離。

有時，我們會以爲別人對我們的事情持懷疑態度，但實際上，別人根本還沒有開始考慮這些事的眞實性。但是，如果我們的所作所爲讓他們開始起疑心，那這些事就肯定無法取得他們的信任了。由於我們總是想像，有些事情別人不可能注意不到，所以常常自己暴露自己。這種情況就像站在高處的時候，由於感到暈眩，也是由於我們認定自己無法站穩，所以就從高空摔落。站在高空的感覺太難受了，所以還不如及早了斷。這種錯覺就是Schwindel[55]。

從另一個角度說，我們卻應該明白：一些人雖然在其他方面沒有任何洞察力，卻有可能非常

---

[55] Schwindel：意味「頭腦暈眩」。

擅長鑽研他人的私事。他們只需要掌握一點線索，就能解決非常複雜的難題。比如，要是我們告訴他們一件往事，但是不想告訴他們當事人的名字和情況，那麼就必須十分謹愼，避免透露任何具體的信息，不管是時間、地點、人名，還是間接與這件事相關的信息，雖然這些信息非常細微，也沒有什麼意義。那些專家如果得到了這些確切的信息，就能通過自己敏銳的洞察力將其他情況都全部調查清楚。在這一方面，這些人有著強烈的好奇心，意欲用這些來刺激和激發他們的智力，直至他們挖掘到了最細微、最冷僻的事實，這些人之所以會這樣，是因爲他們雖然對普遍的眞理無法理解也不感興趣，但對單個的眞相卻熱情滿滿。

由於這一原因，那些傳授處世之道的大師們都積極地通過各種論證來建議人們保持沉默寡言。所以，這一話題可以告一段落了。但是，我還想再推薦給大家幾句見解精妙又很少有人知道的阿拉伯諺語：「所有不能讓你的敵人知道的事，都不要告訴你的朋友。」「要是保守一個祕密，那這個祕密就是我看管的囚徒；如果不小心說出了這個祕密，那我就成了這個祕密的囚徒。」「沉默之樹會長出安寧之果。」

第四十三節

我們讓那筆被騙走的金錢花得十分値得，比任何其他錢花得都要値，因爲我們用這些錢直接買回了聰明。

第四十四節

我們最好不要敵視他人，但卻一定要注意並牢記每個人的行為表現，因為通過這些可以判斷一個人的價值——最起碼是對我們來說的價值，並且根據他的價值來確定對他應該採取的態度和行為。一定要牢記這一點：人的性格永遠都無法更改。不管什麼時候，忘掉一個人的劣根性就像把千辛萬苦賺來的錢扔掉一樣。這樣一來，我們才能避免與人過度親密或者建立愚蠢的友誼。

全部人生智慧的一半都包含在「沒有愛，也沒有恨」這句話中；另一半智慧則包含在「不要說話，也不要相信」中。不過，對於這樣一個需要嚴格遵循這些規則的世界，我們當然是避之不及的。

第四十五節

通過言語或者表情來表達氣氛和憎恨是沒有任何用處的，既不聰明也很危險，而且還是可笑而庸俗的。因此，我們只能在行動上表示憤怒或憎恨。如果我們能夠控制自己不用語言和表情來表達憤怒，那麼就能更好地用行動來表達。只有冷血動物才是有毒的動物。

第四十六節

「不要加重語氣說話」[56]，這條古老的世俗格言的目的在於，讓別人通過理解力去發現我們話語的含義，因為普通人的理解力通常很遲鈍，我們早在他們理解我們的意思之前，已經把話說完了。但是，如果說話時加重語氣的話，就相當於在藉助對方的情感，這樣一來就可能會適得其反。我們可以用禮貌的態度和友好的聲調對很多人說出冒犯的話，同時又能避免直接的危險。

第四部分・我對於未來的展望

第四十七節

不管人生呈現出什麼樣貌，人生的構成要素都是一樣的。因此，不管是在茅屋、宮殿，還是在軍營、修道院中度過一生，人生說到底都是一樣的。雖然遭遇、經歷，獲得的幸福或不幸各不相同，但生活就像糖果一樣：雖然糖果的形狀和顏色千差萬別、多種多樣，但都是由一樣的糖漿

[56] 法國諺語。

構成的。兩個人之間的遭遇和經歷之間的相似程度，其實遠比我們通過他人描述而認爲的要高。人生中的各種事件就像萬花筒裡的景象一樣，每次轉動都能看到不一樣的畫面，但實際上，展現在我們眼前的仍是同一個萬花筒。

第四十八節

一個古代作家曾經說過一句非常懇切的話：實際上有三種力：明智、力量和運氣。我認爲運氣是非常重要的。可以把一生比作一條船的航程。運氣——是順是逆——就像航行中的風一樣，既可以加速我們的航程，也可以把我們推向遠離航線的地方；我們無論怎麼努力和奮鬥都無法改變。我們的努力和奮鬥只起到船槳的作用。我們費盡心力使勁劃了幾個小時的槳，總算向前移動了一些，但這時突然襲來的強風就會讓我們一下子退回原點。西班牙有一句諺語美妙地描述了強大的命運之力：「願您的兒子獲得好運，然後把他扔向大海吧！」

然而，我們盡量不要聽任命運的擺佈，因爲運氣這種力量是邪惡而危險的。在所有賜予者中，只有一位賜予者是這樣的：它賜予我們的時候，清楚地告訴我們：我們並沒有必須得到這賜予之物的任何資格和權利，我們能夠得到它們完全要對賜予者的仁慈感激涕零，而與我們的所作所爲沒有任何關係；我們只能以非常謙卑的姿態，滿懷欣喜地期待得到更多的我們不配擁有的禮物。這位賜予者就是運氣。它以一種帝王的派頭和藝術讓我們認清：我們的所有功勞和業績在運氣的恩賜面前都是徒勞無功的。

當我們回頭審視自己的人生道路，從整體上回顧「像迷宮一樣的犯錯經歷」和許多錯失的幸福、遭遇的不幸時，我們很容易對自己求全責備。實際上，我們走過的人生道路並非完全是我們的所作所為決定的。而是由連續的外在事件和我們不斷做出的決定這兩種因素共同決定的。這兩者互相糾纏、互相影響。

此外，在上述兩個方面，我們的視野都是非常狹隘的。我們不知道將會做出怎樣的決定，更無法知道將有什麼樣的外在事件發生。我們知道的只有此時此刻發生的事和我們目前的計劃。因此，我們隨時都需要小心翼翼地調整前進方向。我們所能做的只有按照當下的情形做決定，希望這一決定更能夠使我們離目標更近。

一般來說，外在事件和我們的目標就像兩股方向相反的力，這兩股力之間形成的對角線就是我們的生活軌跡。泰倫斯曾說：人生就像擲骰子遊戲，如果你對擲出的結果不滿意，就只能使用技巧去改變命運發下來的骰子了。泰倫斯在這裡所說的應該是類似十五字擲骰子遊戲。

說得再簡單一點就是：命運負責洗牌和發牌，而我們只能出牌。以下比喻可以對這層意思做出很好的說明：人生就像一盤棋，我們計劃好了每一步怎麼走，但和我們下棋的對弈者——也就是生活中的運氣——的意願卻決定了這盤棋具體如何走。一般情況下，我們制訂的計劃需要進行大規模的調整，這樣一來，當計劃到了實施的時候已經和以前完全不同了。

此外，我們的生命歷程中有某種東西超越了這一切。我所說的是一個非常簡單卻久經證明的眞理：大多數情況下，我們要比自己認爲的更蠢，但在另一方面卻比我們認爲的更聰明。當事情已經過去很長時間之後，我們才會發現這個事實。我們自身擁有某種比頭腦更聰明的東西。我們一生中所做出的重大決定和主要行爲，所遵循的與其說是我們對錯誤的清楚認識，毋寧說是某種內在衝動——可以把它叫作本能，它是從我們本質的最深處產生的。

事過境遷後，我們對自己行爲的挑剔和批評，所依據的只是看起來很有道理，但實際上很牽強甚至是假借的概念，而且我們還用那些寬泛的規則和別人的經歷來進行對比。我們沒有思考過這條格言：「沒有一條能夠隨時隨地都適用的規律。」我們很容易對自己不公正，但事情的眞相總會大白。只有幸運地活到高齡的人才能夠對自己一生中的功過是非進行主觀和客觀的評判。

也許，夢境在不知不覺中影響了我們的內在衝動，這些夢包含著某些預示，只不過醒來時就被我們遺忘了，但夢使我們的生命保持了一定程度的協調和統一——而這些是大腦意識無法提供給我們的，因爲大腦意識是猶豫不決、經常犯錯的。

用一個比喻來說明睡夢的作用，一個天生注定要做出一番偉大事業的人，從年輕的時候開始就已經在內心中暗暗地感覺到了這種未來。於是，他就像忙碌築巢的工蜂一樣努力實踐自己的使命。在每一個人那裡，就是格拉西安所說的「La Gran sindéresis」，也就是本能對自我的巨大保護。一個人如果失去了它就會不可避免地毀滅。需要通過大量練習才能夠按照抽象原則來處理事情，而且，也不能保證次次成功。抽象原則通常不夠充分。

與此相比，每個人都擁有某種天生的具體原則，它暗含在人的骨血之中，它是人的全部思想感情和意願產生的結果。人們對這些原則的認識並不是通過抽象的思想，而是只有在對自己的一生進行回顧時，才能發現實際上我們的行爲每時每刻遵循著自己的原則，這些原則就像看不見的線一樣操控著我們。每個人都有自己各不相同的原則。這些原則將人們各自引入了幸福或不幸的道路。

第四十九節

我們千萬不能忘記時間的作用，以及事物轉瞬即逝的本質。因此，我們看到所有正在發生的事時，就要立刻清楚地想到它的反面。也就是，在富貴時想到困頓和不幸，從友誼中想到反目成仇，在天氣晴好時想到風雨交加，從愛想到恨，從信任、問心無愧想到背叛、心懷愧疚等，反之亦然。這樣一來，由於我們遇到所有事都會進行深刻的思考，不容易上當受騙，所以我們眞正的人世智慧就得到了永久的增長。

通常來說，我們可以由此估算出時間所帶來的影響。然而，想要獲得對事物變化萬千的本質的正確認識，比起掌握其他知識來，更需要經驗，由於某一狀態或條件在它存在的時間內是必然的、絕對合理的，所以，每一年，每一月，每一日的存在都顯得擁有充足的理由和權利獲得永恆。但實際上，不論什麼事物都無法保存這種權利，只有變化才是永恆的。

一個有智慧的人就是不會被事物永恆不變的外表所矇蔽的，他甚至可以預計到事情將來的發展方向。然而，通常來說，普通人卻認爲事物目前的狀態或發展方向是永遠不會改變的。原因在於，普通人只能看到事物的結果，但不清楚這些結果所從出的原因，而這些原因中就包含了導致未來變化的因素。但是普通人能看到的結果卻不包含這些因素。人們死死守護著現在的結果，還以爲他們沒看到的、這結果所從出的原因仍然會持續不變。但是，普通人有一個優勢，那就是他們在犯錯時是行動一致的。所以，當他們犯錯或遭受不幸時，那麼這種不幸就普遍降臨到了衆人頭上。但是，如果一個思想家犯錯，他卻只能獨自承擔苦果。在這裡，順便可以證實我以前提到的一條原則，亦即謬誤總是在通過結果推導原因的過程中產生的（參見《作爲意志和表象的世界》第一卷第十五章）。

然而，我們通過事物的結果預測未來之事的行爲只能在理論上進行，而不是在現實生活中要求時間提前給予我們未來的東西。如果有人眞這麼做的話，那他就會發現時間是最嚴厲、最苛刻的高利貸主人。我們要是強硬地從時間那裡預支，那麼需要付給時間的利息要比付給任何猶太高利貸主人的都要高。比如，用生石灰和溫度，可以使一棵樹加速成長，幾天之內就開花結果；但是，這棵樹很快就會死亡。如果一個男人想在年輕時就進行一個成年男人才能完成的生殖工作——哪怕只是幾個星期——十幾歲的時候就去做他三十歲時可以很容易完成的工作，那麼時間可以借貸給他，但他所要支付的利息就是他日後一生中的大部分精力，甚至一部分生命。我們所患的許多疾病都能夠痊癒，前提是我們讓這些疾病順其自然地發展，之後這些疾病就會自己消失，不會留下任何後遺症。但是，如果我們想要立刻恢復健康，那時間也只能給我們預支：病痛消失了，但我們要付出的利息是身體的虛弱和日後的人生中反覆發作的疾病。

爆發戰爭或者國內形勢動亂時，我們即時需要金錢，所以不得不以正常價格的三分之一，甚至更低的價格把土地和政府公債賣掉。但實際上，如果我們肯付出時間等待事情發展的話，那我們就可以以全價售出我們的財產。然而我們卻迫使時間給我們預支。抑或，我們想去長途旅行所以急需一筆錢，如果用一兩年的時間就可以通過我們的收入湊夠所需的欠款，但我們卻不想等那麼久，所以我們向別人借錢或者提取了自己的本金，亦即時間給了我們貸款。這樣一來，我們的賬目就會被支付利息弄亂，可能永遠沒辦法擺脫赤字的困擾，這就是時間給我們的高利貸。所有急切而不願意等待的人都是它的受害者。想要迫使正常、適中地行進著的時間加快腳步，需要付出高昂的代價。因此，我們一定要避免欠下時間巨額的高利貸。

第五十節

在日常生活中，庸人和智者之間最大的差異就在於在思考是否有可能出現危險時，庸人只提出而且只思考一個問題：以前是否發生過類似的危險，智者卻考慮什麼事情有可能會發生，而且牢記這句西班牙諺語：「一年之內都沒有發生的事有可能幾分鐘之內就會發生。」

當然，這兩類人提到的問題不一樣是很正常的，因爲需要洞察力才能爲將來做打算，而只需要感官就能瞭解已經發生的事。

但我們應該以這句話爲格言：爲邪惡之神而做出的犧牲是不能逃避的。換言之，爲了減少不幸發生的可能，我們就必須花費時間、人力、金錢，忍受煩瑣和不便，並且減少自己的需求。我們犧牲的越多，發生不幸的可能性就越小、離我們越遠。在這方面，購買保險就是一個很好的例子。這是衆生供奉給邪惡之神的犧牲。

第五十一節

我們最好不要爲某件事過喜過悲，首先，這是因爲萬事都在改變，其次還因爲我們對有利和不利之事物的判斷是虛假的。因此，差不多每個人都曾爲了一件事而悲傷難耐，但後來這件事卻被證明是一件大好事。又或者，那些曾經讓我們歡欣鼓舞的事，後來卻使我們痛苦萬分。莎士比亞的優美詩句表達了與我建議的心態相同的意思——

我已經嘗慣人世的悲歡苦樂，
因此不論什麼突如其來的事變，
也不能使我軟下心來，
流淚哭泣。

——《終成眷屬》第三幕，第二場

通常來講，如果一個人在遭受不幸和災禍時，能夠沉著鎮定的話，那就說明他深知人生中會遭遇無數巨大的災禍；因此，他認爲自己的遭遇不過是萬千苦難中微不足道的一個而已。這與斯多葛派哲學提倡的心態相同：永遠不要「忘記人類的自身條件」，而要時刻銘記人的生存大體而言是一種可悲可憐的宿命，它會遭遇無數災禍和不幸。只要觀察一下周圍就可以重新體會這一觀點：不論我們在什麼地方，都能看到人們在與那悲慘、匱乏和徒勞的生存奮力拚搏，充滿苦難。

因此，我們應該對我們的期望和要求加以節制和縮減，在遇到的事或所處的環境不如意時，要學會接受和適應，隨時隨地小心避免不幸和災禍。原因在於，各種各樣的不幸是組成我們生活的一部分，我們要時刻銘記這一點。所以，我們不要像一個永不滿足的人一樣繃著臉，或者和巴里斯福德57一起，為人生中隨處隨時可見的苦難哀嘆；更不應該「因為每一隻蝨子的叮咬而祈求神靈」。與此相反，我們應該小心謹慎地估算到和避開可能的危險，無論這種危險來源自人還是事。在這方面，我們一定要竭盡全力，精益求精，就像一隻機敏的狐狸一樣避開各種各樣的災難（一般來說，小災難只是偽裝過的小小不便罷了）。

我們如果最初就確定不幸會隨時發生，而且，像人們說的那樣，已經做好了準備，那麼忍受災難就會變得更容易一些。原因主要在於：不幸還沒有發生的時候，如果我們鎮定地認為它是有可能發生的，那麼我們就可以事先從各個方面把不幸的程度和範圍考慮清楚，這樣一來，最起碼

---

57 巴里斯福德：兩卷本《人類的苦難》（1800）的作者。

它就是清晰的和有限度的。

當不幸眞正來臨的時候，我們就不會受到過大的影響。但是，如果我們做不到這樣，而是在沒有任何準備的情況下突然遭遇災禍，那麼被嚇到的頭腦在最開始就無法準確判斷突如其來的災禍的程度和範圍，由於自己沒有準確的判斷，這一災禍就顯得難以估計，至少會顯得比實際情況更嚴重。難以估計和模糊不清都會使危險看起來比實際情況更嚴重。

當然，如果我們認爲不幸是有可能發生的，那我們也會預先思考能夠獲得的幫助和可以補救的方法；或者最起碼我們的頭腦已經對災禍的表象習以爲常了。

想要沉著冷靜地接受我們遭受的不幸和災禍，最好的方法就是相信這一眞理：「發生的各種各樣的事情，都是必然發生的。」我在獲獎論文《意欲的自由》中通過最基本的根據推斷出了這一眞理。那麼，人們就能儘快接受那些不可避免的必然會發生的事。如果人們瞭解了這一眞理，那麼就能將發生的所有事情，哪怕是那些由偶然的變故引發的最稀奇的事，都當作必然會發生的事；它們與那些按照最普遍的規律，並完全在意料之中發生的事情沒什麼不同。可以看一看我的《作爲意志和表象的世界》第一卷第五十五章，我在那裡已經說過，如果理解了事情的發生是不可避免和必然的這一眞理，那麼我們的內心就會獲得慰藉。如果一個人對這一眞理有了徹底的、深入的認識，那麼他就會先自己盡量努力，而且也心甘情願地忍受自己不得不忍受的苦難。

我們可以把那些細小的、時刻干擾我們的小小災難用來自我練習和鍛鍊，那麼我們最起碼就不會在安逸中喪失了承受巨大災禍的能力。對於那些在日常交往中遇到的細小的困擾，別人傲慢的態度和不當的行為，他人微不足道的冒犯——我們應該像長角的西格弗里德58一樣，也就是說，要無動於衷，更不要投入過多的關注。我們應該把這些東西看作前進道路上的小石塊，不為所動地把它們踢開。對於那些雞毛蒜皮的小事，我們不需要認眞回想和考慮。

第五十二節

但是，被人們通稱為命運的事卻往往是自己辦的蠢事。所以，我們可以謹記荷馬的《伊利亞特》中二十三節的一段話。荷馬為我們指出了一種很明智的反省方法。如果說，人們的惡行會在來世遭到報應，那麼人們的蠢行則會遭到現世報，雖然我們有時候會得到一定的赦免。

人的狡猾才是最危險和最恐怖的東西，而非暴怒。的確，與獅子的利爪比起來，人的頭腦才是更厲害的武器。

眞正世故圓滑的人，做事的時候是不會優柔寡斷、猶豫不定的，也不會急匆匆地行動。

58 西格弗里德：德國13世紀初民間史詩《尼伯龍根之歌》中的英雄。

第五十三節

勇氣對於我們的幸福而言是非常重要的素質，其重要性僅次於聰明才智。當然，這兩種素質我們都是無法自己獲取的，勇氣來自父親，而聰明則來自母親，然而，無論我們所具有的這兩種素質是什麼程度的，經過努力練習都能夠獲得提升。在這個世界中「一切都是由鐵質的骰子決定的」❺❾，所以我們需要鋼鐵般的意志作爲盔甲和武器來承受命運、應對他人。原因在於人生就是一場戰爭。我們每走一步都有可能發生爭鬥。

伏爾泰說得沒錯：「人生在世，我們只有帶劍前行才能夠獲得成功；當我們去世時，武器仍然緊緊握在手中。」所以，如果一個人看到烏雲出現在天空或者地平線上，就感到灰心喪氣，不斷抱怨，那麼他就是一個膽怯而懦弱的人。我們應該以這句話爲格言：「面對邪惡不要退卻，而應該英勇無畏地與它對峙。」（維吉爾語）

哪怕這件事情有危險，但只要它的結局仍然沒有成爲定論，只要還有可能使結局變得更好，我們就不能膽怯和猶豫，而應該奮勇鬥爭，就像只要能看到一小塊藍天，就不能對天氣絕望一樣。確實，我們應該這樣宣稱：「就算天塌下來變成一片廢墟，他的臉色也不會有絲毫變化。」

---

❺❾ 席勒《戰役》一詩開篇之句。

不用說生命中的各種美好，哪怕是整個生命，也不值得我們爲它這樣地擔驚受怕——

因此，他勇敢地生活，無畏地應對命運的打擊。

——賀拉斯

但是，這些有可能過猶不及：勇氣可能導致冒進放肆。對於我們在世上的生存來說，一定程度的靦腆和畏懼是必不可少的，畏懼超過一定的限度才成了懦弱。培根對畏懼進行的語源學的解釋令人讚賞，這一解釋要比流傳下來的普盧塔克的說法更深入。他的解釋是從「潘」——擬人化的大自然——中引發出來的。

他認爲：所有生物由於事物的本性都具有畏懼之心，畏懼使他們能夠更好地躲避災難，從而保護生命。但是，這種本性卻沒有節制，總是將沒有意義的恐懼和有益的恐懼混雜在一起，一切生物（如果能夠看透它的內心），特別是人類的內心中被這種大自然共同擁有的恐懼充滿了。此外，這種大自然共有的恐懼有一個典型特徵，那就是它並不清楚這種恐懼產生的根源，而更多的只是一種假設。確實，無可奈何的時候，恐懼自身就成了恐懼的理由。

第六章 人生的各個階段

伏爾泰曾經說過這樣精妙的話語——

如果一個人缺少符合他年齡的神韻，
那麼他就會擁有他那個年齡特有的各種不幸。

所以，在我們探討幸福問題的最後部分，很適合考察一下人生各個階段給我們帶來的變化。我們在一生中都只活在此刻當下。不同階段的此刻當下之間的差別在於：生命初始，我們面對的是遙遠的未來；但當走到生命的終點時，我們看到的卻是身後那漫長的過去。雖然我們的性格並沒有改變，但我們的心境卻有了明顯的變化。不同階段的「此刻當下」因此具有了不同的色調。

童年期

我已經在《作爲意志和表象的世界》第二卷第三十一章中詳細論述了以下事實：童年時期，我們的狀態是認知大於意欲。正因爲如此，在最開始的四分之一的生命中，我們得以享受快樂。童年時期過去之後，留在我們身後的是一段天堂般美好的回憶。童年時代，我們的關係很窄，需要的也很少，亦即，我們很少受到意欲的影響，我們生命的大部分精力都用於認知活動了。

人的大腦在七歲時就已經長到了最大，智力也很早就發育了，雖然這時還沒有成熟。但是，童年時期，它卻在全新的世界中不斷地汲取養料。童年時期世界中的一切都新鮮而富有魅力。因此，我們的童年時代就像一首不間斷的詩歌，因爲，就像其他藝術一樣，詩歌的本質就是從每一個單一事物中領悟它的柏拉圖式的理念，亦即，掌握這個單一事物最根本的，所以也就是這類事物所共有的特徵；每個單一事物都以這種特點代表了一類事物，一以類千。

雖然現在看來，我們在童年時期好像一直關注某一個別事物或事件——甚至只有當我們當下的意欲受到某一事件的刺激時，我們才對它表示關注。但是，實際上事實並非如此。原因在於，我們眼前的童年時代的生活——在這個詞全部的、完整的意義上來說——是那樣新奇而活靈活現，我們對於生活的印象並未因多次重複而變得混沌不清；而且童年時期，我們在進行活動時並不知道自己的目的，只是默默地通過單一場景和單一事件來認識生活的本質，眞我生活的基本形態。就像斯賓諾莎說的，我們「從永恆的角度觀看人和事」。

我們年齡越小，所看到的單一事物就越是能夠代表這類事物的整體。但是隨著年齡的增長，這種情況就會逐漸減弱。正因爲如此，年輕時對事物的印象與年老時對事物的印象之間差異巨大。所以，我們日後所有認識和經驗的固定典型和類別都是由童年以及青年時期接觸到的事物以及由此掌握的經驗構成的。日後人生中的認識和經驗都會被歸入已有的類別，雖然我們並不總是有意識這樣做的。所以，我們的世界觀是深刻或是膚淺，在童年時期就已經決定了。日後，我們的世界觀會不斷地擴展和完善，但其本質是固定不變的。

從這種完全客觀的，所以也是詩意的角度來看——這是童年時代的特徵，這一特徵是因爲意欲在當時還沒有發揮出它全部的作用——因此，我們在孩童時的認知活動遠遠超過意欲活動。所以，很多孩子都具有直觀而認眞的目光。拉斐爾在描繪天使形象的時候，特別是在西斯廷聖母中的天使像中，就巧妙地使用了這種目光。這就是我們的童年時代充滿了快樂，我們對童年的回憶總是充滿眷戀的原因。我們在非常認眞地投入於第一次直觀認識事物之時，教育也在向我們傳授各種概念知識。

然而，對於事物眞正本質的認識——這正是知識的眞正內容——並不能從概念知識中獲得，而是存在於我們對這個世界所進行的直觀把握中。但是，任何教育灌輸都沒辦法給予我們這樣的直觀認識，而只能通過我們自身獲得。所以，我們的智力，就像我們的道德一樣，並非來自外部，而是來自我們自身的本質深處。

任何一位教育家都無法將一個天生的笨蛋培養成一個聰慧的人，永遠都不行！如果一個人生來就是一個笨蛋，那麼到死也還是一個笨蛋。我們對外在世界的最初的直觀認識非常深刻，這也是我們的童年環境和經歷會留給我們很深刻的記憶的原因。我們非常專注於周圍的環境，什麼事都不能把我們的注意力移開；我們認爲眼前的事物就是這一類事物中的唯一一個，好像世界上就只有它們一樣。日後，我們才懂得世界上還有很多其他事物，因此我們失去了勇氣和耐心。

我在《作爲意志和表象的世界》的第三百七十二頁已經說明：任何事物在作爲客體，也就是單純作爲表象而存在時，全部都是充滿喜悅的；但是如果這些事物作爲主體，也就是在意欲中存在時，卻都變得令人痛苦和悲哀了。在此處，如果讀者回想一下我的這一說法，那麼就能理解可以用下面這句話對上述觀點進行概括：所有事物在被觀照時都是愉快的，但當變成具體存在時，卻是可怕的。

根據以上觀點，童年時期，我們對事物的認識更多的是從觀照的角度，而不是從存在的角度進行的，亦即，我們瞭解的事物是作爲表象、客體的，而不是作爲意欲的。因爲我們只能看到令人愉快的前者，而看不到令人痛苦的後者，所以，我們年輕的頭腦就把現實和藝術表現出的各種形式當作令人愉快的東西，我們就會認爲：這些東西顯現出的是那麼好，那它們具體的存在一定會更好。因此，世界在我們眼中就像伊甸園一樣美好；我們誕生之處就像阿卡甸高原一樣。之後，我們在日後的生活中產生了對現實生活的渴望，我們急急忙忙地去做事和受苦，這樣一來，我們就被裹挾進了喧鬧嘈雜的人生。

在紛紛擾擾的世上生活之後，我們才逐漸認識了事物的另一面，也就是其存在的一面、意欲的一面；我們的每一個行爲都受到了意欲的控制。此後，我們逐漸感到了一種巨大的幻滅感。之後我們就能夠說：幻想時代到此結束了。但是，這種幻滅感會越來越強，越來越深入和徹底。因此，我們可以說：童年時期的生活呈現出的形象，就像是從遠處看到的舞台佈景；而老年時期，我們則是走到了離這同一台佈景最近的距離進行觀察。

最後，我們在童年時之所以會感到幸福的原因還有：初春的樹葉都有著差不多一樣的顏色和形狀，與此相同，我們在年幼時彼此之間也十分相似，所以和諧一致。但是，到了青春期時，個體之間就出現了差異和分歧，這個道理和圓規的半徑越大，劃出的圓就越大是一樣的。

青年期

我們前半生的最後階段，也就是青年時代，擁有的優勢要比後半生多很多，但是在青年時期，我們對幸福的追求反而成爲對我們造成困擾、爲我們帶來不幸的原因。我們堅守這一假設：在生活中可以獲得幸福。因此，我們的希望一個接一個地落空，因而產生了不滿情緒。我們期望得到的形象模糊的幸福在我們眼前變幻出各種各樣魔幻的圖景，而我們則在不停地追逐這些圖景的原型，然而只能是徒勞。

所以，在青春時期，不管我們處在什麼樣的環境和狀態之中，我們都會感到不滿意，原因在於，我們剛剛瞭解到人生的虛無和可悲——我們之前所期待的可是完全不同於此的生活——這種虛無和可悲是無處不在的，但我們卻以爲我們的環境和狀況是罪魁禍首。如果人們在青年時代能夠及時得到教導，從而消除這個謬誤，也就是誤以爲：在這個世界上我們可以盡情收穫，所以就能獲得很多好處。

但事實卻與此相反。早年間，我們是通過詩歌和小說來認識生活的，而不是通過現實。我們處於旭日初昇般的青年時期時，我們看到的是詩歌和小說中描繪的景象；我們有著強烈的渴望，迫切盼望那些景象變爲現實，急不可待地想要抓住空中的彩虹。年輕人希望他們的人生能夠像一部充滿趣味的小說一樣。因此他們也就獲得了失望。

我在《作爲意志和表象的世界》第二卷第374頁中也已經說明了這一點。那些圖景之所以這樣迷人，原因正是這些並不眞實，而只是單純的圖像罷了。所以，當我們對其進行觀照時，我們的狀態是寧靜而自足的，只是單純的認知。如果想要使這些圖像全部實現，就表明必須投入於意欲中，而意欲活動必然會導致痛苦。有興趣瞭解這一點的讀者可以參考我上述著作的第427頁。

所以，如果說人的前半生是以苦苦尋求幸福而無法滿足爲特點，那麼，人的後半生則以對遭遇災禍的恐懼和擔憂爲特點。原因在於，到了後半生，我們或多或少都瞭解到：一切幸福都是虛假的，只有痛苦才是眞實的。因此，這時我們只想努力獲得一種沒有痛苦和煩擾的狀態，而不是追求快樂和愉悅，最起碼具有理性的人是這樣的。當我年輕時，每當傳來敲門聲，我就會感到開心，因爲我認爲：「幸福來敲門了。」但以後的日子中，相同的情況發生後，我卻變得有些害怕：「災禍終於降臨了。」

普羅大衆中有一類卓爾不群的傑出人物，既然他們是這樣，那麼就並不眞正屬於普羅大衆，而是遺世而獨立。所以，他們以自己程度不同的優勢，對生活大多只感受到兩種完全相反的感覺：青年時期，他們覺得人群遺棄了自己；成年之後，卻覺得自己逃離了人群。

前一種情況令人不悅，因爲他們還沒有眞正認識人生；後一種情況卻讓人感到愉悅，因爲他們已經對人生有了清楚的認識。這樣一來，就產生了這樣的結果：後半段人生，就像樂曲中的後半部分一樣，與前半段相比奮鬥和追求減少了，安寧和平和卻增加了。原因主要在於人們在年輕時總認為：這個世界到處都能獲得幸福和快樂，人們的痛苦只不過是因為找不到獲得它們的方法和途徑而已；但在老年時代，人們就明白了，這個世上根本就沒有什麼幸福和快樂，所以他們能夠心滿意足地享受著勉強過得下去的現狀，甚至能夠從凡俗生活中覓得樂趣。

一個成熟的人能夠通過自己的生活經驗來消除偏見，解放思想；由此，他會發現世界和他小時候和年輕時看到的截然不同。我開始用樸素、客觀的態度觀察和對待事物。但是，對於少兒和青年來說，他們對世界的認識，是一幅由頭腦中稀奇古怪的想像、念頭以及先入為主的流行觀點一起組成的歪曲不實的幻象。

因此，人生經驗的首要任務，就是消除那些在青年時期就在我們頭腦中生根發芽的幻想和虛假概念；但是想要使青年人遠離這些是非常難的。只有最理想的教育才能完成這一任務，雖然這種教育必須是否定的。想要完成這個任務，必須最初就將兒童的視野限制在一個盡量狹窄的範圍內。在這個範圍之中，讓他瞭解清晰、正確的概念；只有當他對這一範圍之內的事物都有了正確的認識之後，才能慢慢地擴大這一範圍。同時，還有隨時小心避免不夠清晰、不夠透徹、不夠準確的認識進入他們的頭腦。這樣一來，他對事物和人際關係的理解就是非常狹隘的，但卻是很樸素的。正因爲如此，他們就會得到清晰而正確的認識。只需要不斷地拓寬這些認識，並且不斷地進行修正和勘誤。這種教育要一直延續到青年時代。在進行這種教育時，千萬不能讀小說，而只能讀適合的人物傳記，例如富蘭克林傳記、莫利茨所著的《安東・賴斯》等。

我們年輕時錯誤地認爲，生活中那些重要人物的出現以及重大事件的發生都會有盛大的場面。然而，年老之後，通過對生活的回顧和思索，我們明白了，這些人和事都是默默地、無意間從後門走進我們生活中的。

根據上述探討，我們還可以把生活比作一幅刺繡作品：在人生前半段時，我們看到的是刺繡的正面，而後半段時，看到的卻是它的背面。刺繡作品的背面並不精美，但卻能使人受益，因爲可以從中看出刺繡的整體針法。

只有在四十歲之後，一個人超凡的智慧，哪怕是最偉大的精神智力才能夠在言談中體現出優勢，傑出的精神智力在許多方面都要勝過成熟的年齡和豐富的經驗，但前者卻始終無法取代後者。許多平凡之人能夠憑藉年齡和經驗與具有卓越精神智力的人保持某種平衡，如果後者還年輕的話。這種情況只是針對個人來說，而不包括其創作的作品。

每一個卓越之人，只要他不屬於那占人口總數六分之五，被大自然所薄待的人群，那麼當他年過四十之後，通常對人會產生某種程度的憎惡。因爲，他會通過自己對他人進行評判，從而對人感到失望。他發現，人們不管是在思想（腦）還是在情感（心）方面，甚至很多時候同時在這兩方面，都處於遠遠低於他的水平線上。因此，他不想和這些人打交道，因爲通常來講，一個人的內在價值決定了他喜愛或者憎惡獨處，也就是自己和自己做伴。康德在《判斷力批判》第一部分第二十九章的概言中也說到了這種對人的憎惡。

一個人如果在年輕時就學會了察言觀色，長於待人接物；所以，能夠駕輕就熟地處理社會上的人際關係，那麼對於智力和道德來說，這可不是一個好現象，因爲它說明這個人是一個平庸之輩。但是，如果一個年輕人在處理這類人際關係時，舉動顯示出驚訝、疑惑、笨拙和顛三倒四，反而說明他所具有的素質更高。

我們之所以在青年時代心中充滿喜悅和生活的勇氣，原因之一是我們正在走上山的道路，還沒有看到處於山的另一面山腳下的死亡。當我們翻過了山頂，才眞正望到了死亡。而此前，我們對死亡的瞭解都是道聽途說而已。此時，我們的生命活力開始甩脫，同時生活的勇氣也減弱了。這時，壓抑、嚴肅的表情取代了年少輕狂、目空一切的神情，並且深深刻在了我們臉上。我們年輕的時候，無論人們如何教導我們，我們仍然會認爲生活是無窮無盡的，所以肆意揮霍時間。當我們年齡漸長，就越來越懂得珍惜時間的重要性。老年時，對於我們來說，每過一天就像死囚又向絞刑架走近了一步。

從年輕人的角度來觀察，生活就是沒有盡頭的未來；但是從老年人的角度來看的話，生活就成了短暫的過去。生活在人生的初始階段所呈現出的形象，就像我們把看歌劇的望遠鏡倒過來看一樣；而在人生的結尾處，我們則是用一般的方式來使用這台望遠鏡。只有一個人生活了足夠長的時間之後，也就是當他年老時，才會懂得生活極其短暫。

對於年輕人來說，時間的行進速度是很慢的，所以，在最初的四分之一的生命中，我們不僅非常快樂，而且還覺得時間最爲悠遠。因此，這段時間給我們留下了最多的記憶；在需要的情況下，一個人對這段時間的事情的講述要比對中老年期的事情的講述多得多。好比一年中春季的日子是悠長而煩悶的，生命的春天的日子也一樣漫長而令人煩躁。但一年中和一生中的秋天，時光卻很短暫，但是更加晴朗而缺少變化。

當生命快要走到終點時，我們根本不清楚生命都去哪兒了。爲什麼人在老年時代回顧人生之時，會覺得生命是那麼短暫呢？原因在於，生活給我們留下的回憶很少，所以就顯得很短暫。很多不重要和不開心的事都被我們的記憶排除掉了，所以，我們記憶中保存下來的事寥寥無幾。我們的智力是不完美的，我們的記憶也與之相同。學過的東西需要複習，過去的事需要回憶，這樣才不會將它們漸漸遺忘。然而，我們不會故意回想那些不重要的事，更不會追憶不快樂的事。而必須通過追憶和回想，才能記住這兩者。

首先，不重要的事情總會越來越多，原因在於很多事只是在最初看起來是有意義的，但是經過多次重複，就慢慢失去了意義。所以，我們能記得的只是早年時光，而之後的時光卻被慢慢遺忘了。我們活得越久，值得我們去追憶的有意義的和重要的事情就越少。但如果想要記住它們，追憶是唯一可行的方法。因此，如果一件事過去了，我們就將它遺忘了。時間就這樣飛逝而過，沒有留下任何痕跡。

其次，我們也不想回想那些不愉快的事，特別是使我們的虛榮心受傷的事。大部分令人不愉快的事都與虛榮心受傷有關，因爲我們要對大部分自己遭受的麻煩事負責。所以我們就遺忘了很多令人不快的事。我們的回憶就是被這些不重要的事和不愉快的事縮短了。回憶的材料越多，回憶就越少。就像人們乘船駛出海岸越遠，岸上的景物就變得越少、越難認出一樣，我們過去的時光，和經歷的事件也是同樣的情況。有時，那些塵封已久的往事通過我們回憶和想像又生動地展現在了我們面前，就好像昨天才發生一樣，和我們離得那麼近。這是因爲從這件事發生時到今天爲止的中間那段時光被我們遺忘了。這段時間沒辦法變成清晰的圖像讓我們看到，而且，這段時間裡發生的事大多也已經被我們遺忘了。這些事件對我們來說只是一種大致的抽象認識，也就是單純的概念，而非直觀認識。正因爲如此，那件歷時久遠的事情才顯得近在咫尺，好像昨天才發生的一樣，而其他的時間已經無影無蹤了。人的生命短暫得超乎人們的想像。一個人到了老年時代，那些已經經歷的漫長時光，還有自己的晚年，在某個瞬間竟然顯得是那樣虛幻不實。原因主要在於我們最先看到的是發生在眼前的此刻當下。這樣的內心感受基於這樣一個事實：是我們存在的現象，而不是我們的存在本身依賴於時間；此刻當下是主體和客體的連接點。

我們在青年時在展望未來的時候，爲什麼會覺得生活漫長無盡？原因就在於年輕人需要一個空間來安置他們無盡的期望，要是想把這些期望全部實現的話，一個人就算活瑪土撒拉那麼久也是不夠的。此外，年輕人對未來的計算是以自己度過的短暫年月爲根據的；這些過去的日子充滿了回憶，所以顯得悠長。在過去的時光中，由於事物是新奇的，所以充滿了意義。因此，日後的生命裡，人們總是在不斷地追憶和回味這些時光。青年時代的日子就這樣深深刻在了我們的記憶中。

有時，我們認爲自己在懷念某個遙遠的地方，但實際上，我們所懷念的只是我們在年輕而充滿活力時在那裡度過的時光。我們被僞裝成空間的時間給欺騙了，只要再舊地重遊，我們就能知道自己上當了。

想要獲得長壽，一具健康無恙的身體是必不可少的條件。此外，還有兩種方法可以達到這一目的，可以用燃燒方式不同的油燈來打比方：一盞油燈的燈油不多，但是有著很細的燈芯，它燃燒的時間就比較久；而另一盞油燈雖然燈芯很粗，但燈油也很多，所以也能燃燒比較長的時間。

此處，燈油就相當於一個人的生命力，燈芯則是各種方式的對生命力的消耗和揮霍。

對於生命力這方面來說，我們在三十六歲之前就像靠利息生活的人：今天花的錢明天就賺回來了。但是，一過三十六歲，我們就像開始依賴本金生活的人。這種情況剛開始出現時並不明顯，花掉的錢大多又能賺回來，微小的財政赤字不會引人關注。但是赤字變得越來越大、越來越明顯，而且增長速度也越來越快，情況越來越糟糕，而且沒有任何辦法能夠阻止它的發展。本金越來越快地被消耗掉，勢頭就像自由落體一樣。最後，錢財總會耗盡。這個比喻的雙方——生命和財產——如果眞的日益消耗的話，情況是非常悽慘可悲的。所以，人在變老時，對財富的執著和渴望就會越來越強烈。

與此相比，人從出生到成年，直到成年後的一段時間內，在生命方面，我們就像把利息存進本金，花掉的利息不但會賺回來，本金也在逐漸增多。如果我們能有一個富有經驗的理財顧問來幫忙的話，我們的財產也能產生這樣的效果。年輕時是多麼幸福！年老時又是多麼可悲啊！雖然這樣，年輕人也應該珍惜自己的青春活力。

亞里士多德發現：同時在青年期和成年期都獲得奧林匹克冠軍的人是極少的。原因在於，他們在早年間的刻苦訓練將他們的生命力都消耗了，成年之後，他們的力量就不足了。肌肉力量如此，神經活力也一樣，而神經活力的外在表現則是智力成就。所以，過早便顯出智慧的神童就像溫室中的果實，他在兒童時期使人驚嘆，但日後就變成了思想平庸的人。甚至很多博學的人，早年間爲了學習古老語言而將腦力消耗掉了，所以往後的生活中，他們的思想變得僵化、麻木，缺少判斷力。

前面已經說過，一個人的性格會和他人生的某一個階段相符合。於是，當這一特定的人生階段來臨時，他就會表現出最好的樣子。一些人在年輕時受人歡迎，但隨著年齡的增長這種情況也就逐漸消失了；一些人中年時精力充沛、才幹過人，但年老之後就一無是處了；也有很多人在老年時才表現出自己最好的樣子，他們溫和寬容，因爲這一時期他們擁有豐富的人生經驗，在爲人處世時更加鎮定自如。

很多法國人都是這樣的。這些情況的原因在於人的性格本身具有青年、中年或老年時期所特有的氣質特徵，與特定的人生階段相符，抑或，可以修正或調整某一人生階段。

就像一個坐在船上的人，只有通過四周河岸上的景物逐漸後退和縮小才能察覺到船的行進一樣，如果一個年紀比我們大的人看起來比我們顯得年輕，那我們就能夠得知我們變老了。

前面我們已經說過，一個人年紀越大，他所經歷的見聞留在他記憶中的印象就越少。在這一層面可以這樣說：只有在青年時代，人才是充滿意識地生活著；老年時代，人只用一半意識繼續生活。隨著年齡的增長，生活的意識就逐漸減弱了；經歷過的事情不再給我們留下鮮明的印象，就像一件藝術品被我們看了很多遍之後，就不會留下什麼印象了一樣。人們只不過在做他們不得不做的事，事情完成後卻不明白究竟做了什麼。既然如今他們的生活意識正在逐漸消失，那麼當他們越來越接近完全失去意識的時候，時間的流逝也就越來越快。

童年時代，新奇感使所有東西都進入了我們的意識。所以每一天都顯得漫長。我們外出旅行時的情況與此相同：旅途中的一個月彷彿比在家生活的四個月都要漫長。儘管如此，新奇感卻沒有辦法阻止童年時期和外出旅行時的漫長時光變得難以忍受——這是與老年時期和在家的時光相比之下來說的。但是，我們的智力會由於長期不變的感覺印象而變得疲乏和遲鈍。這樣一來，所有事物都悄然無痕地過去了。日子變得越來越無意義，也因此顯得越來越短暫。老年時代度過的一天似乎比小時候經歷的一個小時還短暫。所以，我們的生命時鐘就像向下滾的球一樣，運動速度越來越快。還可以用轉動的圓盤來打比方，距離圓心越遠的點轉動的速度就越快。

與此相同，當一個人距離生命的起點越來越遠，時間流逝的速度就越來越快。因此，我們可以這樣認爲，在我們對時光流逝速度的心理感受進行測量時，對於一年長短的感受與這一年除以我們年紀所得的商成反比。比如說，如果一年只是我們年齡數的五分之一，那麼這時的感受就比一年是我們年齡的五十分之一時的感受漫長了十倍。對於處於不同人生階段的人的整個生命存在來說，時間流逝速度的不同感受有著決定性的作用。

首先，這種情形使人生的童年時期——不過是十五年時光而已——好像成了我們生命中最長的階段，因此也是擁有最多回憶的階段；我們感到無聊的程度也因此與年齡成反比。兒童任何時候都需要用做些什麼來打發時光，無論是玩耍還是工作。如果沒有事情做，他們就會覺得萬分無聊就連青年人也仍然會受到無聊的影響，幾個小時沒事做就會讓他們感到心慌。成年人的無聊感就慢慢變少了。

年老時，時間總是過得太快，日子轉瞬即逝。顯而易見，我在此處談論的是人，而非你年老的牲畜。在我們的後半生中，時間飛逝而過，無聊也就不復存在了。與此同時，我們的情慾以及由此而來的痛苦也消失無蹤了。因此，大體來說，只要能夠擁有健康的身體，那麼我們的後半輩子所感覺到的生活的重負確實會比青年時期更輕。所以人們將這段時期——也就是變得年老力衰、體弱多病之前的那段時期——稱作「最好的時光」。在生活的舒適度和愉悅度方面來說，這段時期的確是最美好的。

與此相比，青年階段——此時所有事物都會留下印象，都能夠生動地保存在我們的意識中——的優勢則在於：這一階段人的精神思想開始孕育，相當於精神發芽的春天。這一階段中，對於那些深刻的眞實人們只能進行直觀，但卻不能進行解釋；亦即，青年人最開始獲得的認識是一種從瞬間印象得來的直接認識。必須是強烈、生動、深刻的瞬間印象導致產生直觀認識。

因此，一個人如何利用自己的青春時光，決定了他能取得怎樣的直觀認識。日後，我們能夠影響他人，甚至影響這個世界，自身逐漸變得圓滿，不再被印象所影響；但是，這個世界對我們的影響也逐漸減弱了。所以，這一階段是我們做實事和獲得成就的階段，但青年階段卻是剛開始認識和把握事物的時期。

青年時代，我們的直觀占據了統治地位，而老年時代，思想卻占據了上風。所以，青年時代是創作詩歌的時代，而老年時代則更適合進行哲學思考。在實際生活中，青年人聽從於直觀見到的事物及其產生的印象；而老年人的行爲則是由思想決定的。這是因爲只有在老年，當積累了足夠多的對事物的直觀印象，並把這些直觀印象歸納爲概念之後，這些概念才被賦予了更加豐富的內涵和意義。同時，因爲習慣的作用，直觀印象則逐漸減弱了。

與此相比，在青年時代，直觀印象，也就是對事物表面的印象在頭腦中占據了統治地位，特別是對那類充滿活力和想像力的頭腦來說更是如此。世界在這一類人看來是一幅圖畫，所以，他們的注意力主要放在要扮演什麼樣的角色、怎樣表現自己之上，對世界的內在感覺則是次要的。年輕人的虛榮心和對華麗服飾的追求上已經體現出了這一點。

青年時期毫無疑問是我們精神活力最旺盛、最集中的時候。這一時期最多能夠延續到三十五歲。在此之後，精神活力就逐漸減弱，雖然減弱的速度並不快。但是，這以後的生活中，哪怕是在老年，還是會得到精神上的補償。此時，一個人才獲得了眞正豐富的經驗的學識。並且終於有時間和機會對事物進行多個角度的觀察、思考和比較，從而發現它們之間的共同之處和關聯之處。因此，直到這時我們才對事情的整體脈絡有了清楚的認識。這時我們對那些早在青年時代就知道的事有了更加本質的認識，因爲我們能夠通過很多實例來證明那些概念了。很多青年時代自認爲懂了的事，其實直到老年時才眞正被我們理解。最重要的是，在老年時代，我們確實知道的事情更多了，這時的知識通過各個角度的反覆思考，互相聯貫並且獲得了統一。而在青年時期，我們的認識常常是殘破、零碎的。

只有到了老年時代，我們對生活的表象認識才能變得完整而聯貫，原因在於只有年老之後，我們才能看到生活的全貌和自然進程。特別在於，一個老年人不會像其他人那樣用剛入人世的目光觀察生活，他採用的是離世的角度。因此，他就能夠對生活本質上的虛無擁有全面而透徹的認識。而其他人卻頑固不化，誤以爲事情早晚會變得完美無缺。與老年時代相比，青年時代的人有更多的假設，所以雖然知道得很少，但卻能夠把所知事物誇大；但老年時代的人卻擁有更多的洞察力和判斷力，對事物的認識更加根本而徹底。一個具有卓越精神稟賦的人在青年時代就開始爲他那獨特、原創的觀點和認識積累素材，亦即爲自己命中注定要爲這個世界做出的貢獻進行蒐集工作。但是，必須要經歷一定的時間，他才能擁有足夠的能力來處理這些材料。

因此，我們會發現：偉大的小說家往往要在五十歲之後才能創作出他的偉大著作。雖然一棵樹結出的果實長在樹頂，但青年時代是為這棵認識之樹紮穩根基的時期。每個時代，就算是最匱乏的時代，也都自認為比前面那個時代更加文明——更不用說這之前更久遠的時代了——與此相同，處於不同人生階段的人也具有類似的看法。但是，這種觀點一般來說是錯誤的。在身體成長發育的時期，我們的力量和知識在不斷地增長。所以我們往往認為今天比昨天更重要。我們的頭腦習慣了這種觀點，後來，當我們的精神活力逐漸減弱，今天反而沒有昨天更加重要時，這種慣常觀點還保留在我們的頭腦中。所以，我們常常低估了早年做出的成就，而且也低估了當時的判斷力。

在這裡需要注意的是：雖然一個人的智力素質，和他的性格和情感一樣，在本質上都是天生的，但智力素質卻不像性格那樣是固定不變的。實際上，它隨著不停變化的情形而改變，這種變動不拘的情形總體而言是有一定規律可循的。其中一個原因在於人的智力要以物理世界為基礎，另一個原因則在於智力需要經驗提供素材。所以，人的精神智力在發展到最高點之後，就會逐漸走下坡路，最終結果是痴呆。

使我們智力受到吸引和變得活躍的素材，也就是我們的思想和知識的內容，通過實踐、練習、體驗和瞭解的對象——通過這些我們的世界觀才得到了完善——這一總量是在不斷增加的，直到我們的精神活力出現明顯的衰退爲止。精神活力開始衰頹之後，所有東西都開始減少。一種絕對無法改變的成分，和另一種向著相反方向定期發生變化的成分加在一起，就構成了人。這也可以說明爲什麼一個人在不同的人生階段中會表現出不同的價值。

在更廣泛的意義上還可以這樣說：人生的前四十年是一本書的正文，而後三十年則是對於正文的註解。註解能夠使我們更好地理解正文的眞實含義以及其中的聯繫，並且揭示出正文所含有的道德訓誡和其他微妙內涵。

生命走到盡頭的時候，就像一場即將結束的假面舞會，每個人都把面具摘了下來。此時，我們才能把一生中接觸過的、與之有關係的人眞正看清楚。此時，我們的性格完全暴露了出來，我們爲之操勞的事業也獲得了成果。我們的成就獲得了應得的評價，一切幻象都消失無蹤了。但需要足夠的時間才能到達這種狀態。

令人奇怪的是，只有在生命走到盡頭的時候，我們才能夠獲得對自己、對眞正的目標和方向，特別是對我們與他人以及這個世界的關係的正確的認識。我們接受了自己的位置——雖然並不是絕對，但通常來說，這一位置要比我們之前預計的低一些。但是，我們有時卻不得不把自己的位置抬得更高，原因在於以前我們對卑劣、庸俗的世界認識不足，所以設定的目標對這個世界來說過高了。附帶說一句，這時候人們體會到了自身內在。

老年期

我們通常認爲青年時期是幸福的，而老年時期則是悲慘的。如果情慾能夠給人帶來幸福，那麼這種說法就是正確的。青年時期，情慾使我們備受煎熬，感受到的痛苦大於快樂，而老年時期，情慾冷靜了下來，人們不再受到它的折磨，因而得到了安寧；隨後，人們便獲得了一種沉靜思索的氣質。原因在於，此時，人們的認識力獲得了自由，占據了上風。認識本身並不存在痛苦，因此，我們的意識越受到認識的主導，我們就越幸福，只要清楚這一道理：任何快樂的性質都是否定的，而痛苦的性質卻是肯定的，那麼我們就能夠明白情慾並不能使我們獲得幸福。

我們年老之後，不應該由於快樂的缺失而進行抱怨。因爲，只有當一種需求得到緩解時才會產生快樂之感。由於需求消失了，所以快樂才消失了，是沒有什麼好抱怨的，就好像一個人吃飽了之後不能再吃，或者睡醒之後就無須再睡覺了一樣。

柏拉圖在《理想國》的序言中表示，耄耋之年才是最幸福的，這種說法非常正確，前提是人們終於擺脫了折磨人的性慾的糾纏。我們甚至可以說：如果性慾仍然對人們產生著影響，或者像魔鬼一般操控著人們，那麼性慾造成的各種各樣的連續不斷的憂鬱和情緒衝動，就會使人處於一種輕微的神經錯亂狀態。因此，人只有在性慾消失之後，才能夠獲得理智。的確，除了特殊例子，年輕人一般都顯得憂鬱而淒婉，而老年人卻顯得平和喜悅——根本原因就在於年輕人受到了性慾這一魔鬼的操控——更確切地說，是奴役。性慾這個魔鬼不肯給予他們哪怕只有一個小時的自由。人們已經遭受或者可能遭受的種種災禍和不幸，大部分都是由性慾這個魔鬼直接或間接導致的。而平和喜悅的老年人卻彷彿擺脫了長期戴在身上的鐐銬一般，終於能夠自由活動了。但在另一個角度來說：人的性慾減弱之後，生命真正的內核也就快被消耗完了，只留下了一幅生命的空殼。確實，就像一齣戲劇一樣，開場時是由活人演出的，後來則由機械人穿著他們的衣服把這齣戲演完。

不論怎麼樣，青年時代是躁動不安的，而老年時代則是平和寧靜的。從這一點就可以推測這兩個時期人所獲得的幸福。小孩子貪婪地伸出他的雙手：他想得到他所看見的光怪陸離的所有東西。眼前的一切都在引誘他，所以他的感覺意識是非常鮮活的。青年人則受到同樣情況的更強烈的刺激。他們也受到五彩繽紛、形狀各異的世界的引誘，而且用自己的想像把世界能給他們的東西誇大了。所以，對於未知和不確定的未來，青年人總是充滿嚮往。

與此相比，在老年階段，所有都平靜了下來，原因之一就是老年人的血液變得冷靜了，他們的感覺不再容易受到刺激；原因之二則是他們通過自己的人生經驗看清了事物的價值和所有快樂的本質。於是，那些在老年時期以前，阻礙和歪曲了他們對事物的自由和純淨的認識的幻象和偏見，此時都已經消失了。這時候，人們對事物的客觀面目有了更正確、更清晰的認識；他們多多少少都認識到了世間萬物的虛無和渺小。所有的老年人，甚至是那些資質平庸的老年人，正是因爲如此才都具有了某種程度的智慧氣質。這使他們與青年人區別開來。

這些首先帶來了精神上的安寧——這不僅是幸福重要的組成部分，而且，是幸福的前提條件和本質。所以，年輕人天眞地認爲世界上充滿了美好的事物——只要他們獲得了相應的途徑就能獲得，老年人則相信傳道書中的一條眞理，那就是一切都是虛空。他們深深地懂得：所有堅果裡面都是空心的，無論他們外面包裹著怎樣的金衣。

只有到了老年階段的最後時期，人們才能眞正達到賀拉斯所說的「在慾望和恐懼面前不失平靜、沉著」的狀態。亦即，只有在此時，人們才眞正、堅定地相信，世事皆爲虛空，不論是繁榮還是喜悅都是虛無而乏味的，於是虛幻的影像消失了。他們不再誤以爲，世界上除了避免身體和精神的痛苦而感受到的幸福之外，還在某處宮殿或茅屋中有著另一種特殊的幸福。

對於這些老年人來說，那些根據世俗標準制定的偉大或渺小，尊貴或低微，沒有太大的差別。於是，老年人就獲得了一種特別的平靜心態。他們微笑著，懷著這種心情從高空俯視這個虛幻的世界。他們已經不懷任何希望，他們知道就算人們再怎樣努力對生活進行美化裝飾，但在廉價、炫目的燈飾後面，人生仍然表露出它匱乏的本來面目；不管人們給生活怎樣打扮和上色，人生的本質不過是這樣：它的眞正價值只在於缺乏多少痛苦，而不是缺乏多少快樂，更不在於生活中那些奢華的場景。垂暮之年的根本特徵就是沒有希望，也沒有幻象——而此前幻象使生活充滿了美麗，在它的刺激之下我們不斷地去行動、去追求。

這個時候，人們已經看清了人世的富麗堂皇，特別是表面的榮耀背後的空虛和無意義。人們瞭解到：在人們渴望的事物和追尋的享受背後，實際上都暗含著渺小而不堪的東西。人們對生存的貧瘠、虛無的本質的認識逐漸達成了一致。一個人只有年過七十，才能夠理解《傳道書》第一首詩的眞正含義。也正是因爲如此，老年人才顯得有些鬱鬱寡歡。

人們還誤以爲：等待老年人的就只有病痛和無聊。實際上，年老並不一定意味著病痛，特別是對於那些長壽的人來說，因爲「健康或疾病也會隨著年齡的增長而增加」；而上文中，我已經說明了爲什麼與青年人相比，老年人更不容易受到無聊的折磨。年老確實會使我們變得孤獨，原因很明顯。但無聊卻不一定伴隨這種孤獨而來，只有那些除了感官享受和社交娛樂之外沒有別的樂趣的人才會感到無聊。這些人的精神潛力沒有得到發展和豐富。的確，一個人到高齡之後，精神活力就逐漸減弱了，但是，如果他原本的精神世界是豐富的，那麼他總會剩下足以應付無聊的精神活力。

如上所述，人們通過經驗、認識、實踐和反思，對事物的認識越來越清晰而準確，而且有了越來越全面的整體認識。我們將已經獲得的知識不斷地重新組合，把握機會使自己的知識變得更加豐富——這種連續不斷的多方面的自我修養和陶冶占據了我們的精神，使我們獲得滿足和獎勵。上文談到的老年人的精神活力的衰頹，由於這些活動而得到了一定補償。

此外，如我所說的，由於老年時期的時間流逝得很快，所以無聊也就不復存在了。如果老年人無須使用身體力量去賺錢維持生活，那麼老年人身體力量的減弱並不十分令人遺憾。對於老年來說，貧窮是十分不幸的。如果能夠擺脫這種不幸，而身體又能保持健康狀態，那麼這樣的老年時期就可算作相當不錯、能夠忍受的生活了。

人們對生活的首要需求就是舒適和安逸：所以，與年輕人相比，老年人更重視金錢，因爲金錢是已經喪失的體力的替代物。在被愛神維納斯拋棄之後，人們就會到酒神巴吉斯那裡尋求寬慰。人們不再需要觀察、旅行和學習，而是需要發表意見和教導他人。如果一個老年人仍然有著探索和研究的興趣，或者對音樂、戲劇的熱愛，特別是對外在事物的敏感度和接受度——很多老年人在晚年仍然熱衷於上述事物——那麼這實在算得上是幸運的事。

一個人的「自身擁有」帶給老年時期的好處是所有時期中最多的。誠然，大部分人原本就呆笨，所以到了老年時期，他們就更像機器人了。他們想的、說的和做的永遠都是一樣的，外在事物的印象不能給他們帶來任何改變，或者引出任何新的東西。與這種老年人交談，就像在沙灘上寫字一樣，留下的痕跡很快就消失無蹤了。這種老年人可以說是生活中的「餘燼」。在極為稀少的情況下，有的老年人第三次長出了牙齒，大自然似乎想通過新的牙齒表明老年人的第二童年到來了。

當年歲漸長，我們的一切活力都在消退，這確實很可悲；不過，這是必然的趨勢，甚至是有益的，因為如果不是如此的話，老年人就無法做好迎接死亡的準備。所以，如果一個人活到很大的年紀，最後沒有病痛地去世，他就是享有了極大的恩惠。得享天年的去世沒有痛苦和抽搐，甚至沒有被感覺到。

無論我們能活多久，我們能夠享受的只有無法分割的此刻，此外別無其他。我們記憶的內容每一天都因為遺忘而丟失一點點，遺失的內容要比由於年齡的增加而獲得的新記憶要多。人們的年紀越大，世上的諸多事件對他來說越不重要，在青年時代被認為是固定不變的生活，現在看起來只不過是短暫的一瞬間罷了。我們懂得了生活的無意義。

青年時代和老年時代的根本差異在於，前者的前景是生活，而後者的前景則是死亡；此外，青年時的過去很短而未來很長，而老年期卻恰恰相反，就像一部悲劇的第五幕：人們知道就要結束了，但卻不清楚會怎樣結束。

無論如何，人年老之後，前方只有死亡，而年輕時，展現在眼前的則是生活。雖然這樣，我們可以捫心自問，這兩者究竟哪一個更令人擔憂呢？總體上來看，是生命在前還是生命在後更好呢？《傳道書》中曾說，「人死的日子，勝過人生的日子」，原因在於，不管怎麼樣過分追求長壽都是魯莽的，因爲一句西班牙諺語曾說：「活得越久，遭受的不幸就越多。」

具體的人的一生並不像占星術所宣稱的那樣已經在行星的運行中有所顯現，但是，如果將人生各個時期與相應的一系列行星進行關聯，那麼也可以認爲人的一生在行星上體現出來了。各個人生階段依次受到行星的控制。十歲時，人處於信使星❻⓪的掌控之下。人們像信使神那樣，在狹小的圈子裡輕鬆、快速地轉動，受到細枝末節的事物的影響，但經過聰明伶俐的信使神的指引，人們很容易地學到了很多知識。到了二十歲時，人們處於維納斯星❻①的控制之下：一個人完全處於愛情和女人的掌控之下。到了三十歲，戰神星❻②獲取了統治權，人們在這一階段變得強壯、勇猛、好鬥、易怒和倔強。在四十歲時，四小行星則獲得了指揮權，人生從此變得更加寬廣。在穀神星的影響下，他開始懂得節儉，亦即爲了使用目的而生活；在灶神星的影響下，他有了自己安身立命之處；在智慧女神星的作用之下，他知道了需要瞭解的東西，他的妻子——家中的女主

60 信使星：即水星。
61 維納斯星：即金星。
62 戰神星：即火星。

人——則像天后星63一樣主宰家中事務。到了五十歲，朱庇特星64執掌了皇權，這個年紀的人已經比很多人活得長久了，他認為自己比同輩人更具優勢。他有著充足的力量、閱歷和知識，他（根據個人的性格和情形而定）對自己身邊的人擁有權威，所以他可以不受他人指揮。與之相反，現在他是指揮別人的人了。如今，他十分合適作為周圍人的領導者和統治者。

五十歲的人就像天神朱庇特一樣抵達了光輝的最高峰。但是在之後的六十歲，農神星65接過了權杖，隨之而來的還有像鉛塊一樣的沉重、緩慢和堅硬——

很多老人都好像已經死去
僵直、遲緩、笨重而灰白，就像鉛塊一樣
——《羅密歐與朱麗葉》第四幕第五場

63 天后星：後來發現的六十多個小行星是新的創造，對此我沒有興趣瞭解。所以，我看待它們就像哲學教授看待我一樣，由於它們不適合我目的之需要，所以我忽略了它們。

64 朱庇特星：即木星。

65 農神星：即土星。

最後是天王星當政的時期。這時，就像人們說的那樣，人們上天了。在這裡我略過了海王星（由於粗心人們對它的命名是錯誤的），因為我們無法叫它真正的名字「厄洛斯」㊱。不然的話，我就可以說明生命的結束和生命的開始是如何連接起來的，亦即，厄洛斯怎樣用一種神祕的方法和死亡相連——正是因為這種聯繫，埃及人所說的奧克斯或阿門特斯（據盧塔克所說）就不僅是接受者，同時也是給予者；死亡就是生命的巨大源泉。正因為如此，所有的一切都從奧克斯中來，所有具有生命的東西都要經過奧克斯的階段。如果我們真正明白了生命何以發生的奧秘，那麼就瞭解了一切的真相。

㊱厄洛斯：即性愛之神。

國家圖書館出版品預行編目資料

人生的智慧／叔本華著　景天譯 -- 初版--
新北市：新潮社文化事業有限公司，2022.09
面；　公分
ISBN 978-986-316-841-6（平裝）
1. CST：人生哲學 2. CST：格言

191.9　　111009700

人生的智慧

作　者　叔本華
譯　者　景天

主　編　林郁
企　劃　天蠍座文創製作
出　版　新潮社文化事業有限公司
電話 02-8666-5711
傳真 02-8666-5833
E-mail：service@xcsbook.com.tw

印前作業　菩薩蠻、東豪印刷事業有限公司
印刷作業　福霖印刷有限公司

總經銷　創智文化有限公司
新北市土城區忠承路 89 號 6F（永寧科技園區）
電話 02-2268-3489
傳真 02-2269-6560

初　版　2022 年 09 月